俄國人入門

蕭曦清——著

The Russian

推薦序一

前外交部長

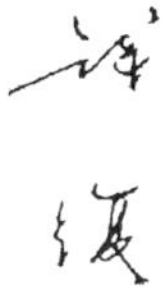

二十一世紀最大的特質是全球化，由於交通通訊的發達，地球變小了。跨國企業的發達，企業家往往用甲國的原料、乙國的勞工，在丙國發貨，行銷全球以獲取最豐厚的利潤。此外，地區整合的結果，以往傳統國際法中主權的觀念逐漸模糊，同一地區若干國家的國民和貨物可以自由來往，沒有證照簽證的需要和關稅的壁壘。

人們生活在這樣的世界上，不能像過去的「雞犬之聲相聞，老死不相往來」。不但每個人國外旅行增加，對於世界上任何一個角落發生的事件，都有可能對於自己的工作或生活發生直接的衝擊。所以在二十一世紀成長的人都需要具有國際觀，多了解世界各國的問題、風俗、人情。

我在外交部的老同事蕭曦清君在服公職時足跡遍及亞、美、非、歐等各大洲，他博學強記，手不釋卷。退休後回到母校菲律賓馬尼拉的聖托瑪士大學任教，前後六載。授課之餘寫下幾本學術性的專著，如中菲外交關係史等。這些年他在美國頤養天年，但是好學的本性，仍然促使他不停的筆耕。這次他將多年來先後在各報章雜誌發表過的著作編輯為《外交風雲》、《中東風雲》、《中東風情》、《日本風雲》、《日本風情》、《非洲風雲》、《美國風雲》、《國際笑話——說話的幽默藝術》和《國際趣聞知多少》、《英國人的幽默》、《美國人的幽默》、《日本人的幽默》、《日本人入門》、《南沙風雲——南沙群島問題的研判與分析》、《英國人入門》、《俄國人入門》、《猶太人入門》、《酒的故事》等一系列叢書，實在是一件難能可貴的工程。其中《南沙風雲》曾獲僑聯總會二〇一〇年華文著述獎學術論著項社會人文科學類第一名，獎金新臺幣三萬元、獎章及獎狀。

這一系列叢書中有若干部分是探討國際問題，也有一些是國外的采風習俗，更有一些是引人入勝的趣味小品，可以說是老少咸宜，雅俗共賞。

基於此系列叢書屬國際性，據網際網路透示，美國國會圖書館、哈佛燕京圖書館、紐約、波士頓、西雅圖、臺北市圖書館、中央研究院近代史研究所圖書館、菲律賓國立總圖書館及分館有全部或部分收藏。

在這個全球化的時代，我們又面臨由於網際網路而誕生的資訊爆炸，受不了長時間面對電腦的朋友們也許樂意閱讀這一套，可以很輕鬆就能取得許多國際資訊的一系列叢書。

推薦序二

中央研究院近史所研究員

蕭曦清教授是位既有實務經驗，又富理論基礎的高級知識分子以及職業外交官。對世界，他在美、亞、非等各洲的國與國之間，折衝樽俎前後四十多年；對國家，他擔任過大使級的代表等職務；對學術，他著作等身，既用中文，也用英文來撰述；對生活，他也洞察入微，隨時隨地用一顆體貼的心，來感觸與記述。

我曾拜讀過他所寫的《中非外交關係史》，以及涉及南海諸島主權爭議的《The Nanshas (Spratlys) Disputes》、《南沙風雲——南沙群島問題的研究與分析》，也讀過他發表在學術刊物上其他硬梆梆的文章。對他治學之勤、視野之闊以及胸襟之廣，還有分析之深入，原已極爲佩服，卻萬萬沒想到，他另外還有幾扇窗，開向不同的天地：對曾經到過的地方的風情、國家與國家間的風雲和風情也有所觀察，並予以記述。

今天，他呈現給中文讀者的，就是有關外交的種切：地方性的介紹，廣包美國、日本、非洲、中東等地的風情與風雲。但不止此，他還旁及往返國際的許多見聞。細觀這些文章，可以在字裡行間找到作者的智慧、知識、以及用心。以「眼明」、「手快」、「心細」的高明手法，再加上勤勉用功，作者累積了數十年的經驗和智慧，在這一系列風雲、風情錄中開花結果。

每一本書裡，讀者都可以品味到流暢優美的文字。而各族群詳實的風俗、習慣和禮儀，各國不同的外交運作方式，還有社會問題、宗教問題，特別是伊斯蘭教對全球的衝擊來自何種文化。總之，美、非、亞洲以及其他地方，在二十世紀下半葉有些什麼特色，都可在這一套叢書中找到。

蕭代表最特別的，當今世上極少人擁有的資源，其爲出使利比亞。在利比亞擔任我國代表期間，蕭博士與利比亞高層時相往來。透過利比亞，他又進入伊斯蘭世界的心臟地帶，從埃及、以色列、阿拉伯到伊拉克。他也曾在菲律賓、美國工作多年，同樣深入的觀察，再擴展到其他的國家與其他的文明。

美國政治學大師杭廷頓（Samuel Huntington）多年前一再放言，各大文明將起衝突。果然在二〇〇一年發生九一一攻擊事件，伊斯蘭教文明眞的如他的預言，槓上了基督教的歐美文明。這一衝突的內在理路是什麼呢？蕭教授也有一些觀察，値得讀者閱讀與深思。

我祝賀他出這一套集子的同時，也恭喜讀者，在閱讀這一系列的文章當中，透過智慧的交流，開出心靈的另一片天。

自序

民族（nation），與德語 volk 同，希臘語爲 ethyos 及 demos，拉丁語爲 natio 及 populas，各有兩種意義，即：（一）指血統團體；（二）指國家結合。各具特殊意義，前者爲自然概念上的民族，後者爲歷史概念上的民族。

民族是一群人在自然地理環境中，歷史的長河中，文化和社會的成長過程中所塑造而成的一個有共同語言、共同信仰、共同風俗習慣、共同經濟生活以及表現共同文化意識的穩定生命共同體。

民族性（National character）是一個民族整體的個性。「性格」（Character）源自拉丁文，含義是「被刻進去的」、「被雕上去的」。這個拉丁字由於過去曾被用作地界的標誌，故引申出「標誌」或「特徵」，後來更被引申爲「特性」或「個性」。基於此一認識，民族性著實有「難變」或「不變」的內涵。

民族性即一個民族的基本行動傾向，也就是一個民族內部繼續保持一段相當時間的行動；它包含了這個民族特有的思考方式、行動準則、對事物的觀點和態度的總和。民族性也是一個民族的內在意向潛能。

每個民族都有它獨特的性格和氣質，它雖然難以用言語形容，但都由服飾、言語、風俗、行爲、舉止和習慣等充分表現出來，而給大多數人一種特定的印象。

在人類歷史上，任何一個民族，都具有它自己獨特民族共有根深柢固的性格特徵——民族性。民族性的形成決定於兩項最主要的因素：一是空間的，即地理的因素；一是時間的，即歷史的因素。

如同俗語「十人十色」所言，人人各有秉賦，每個人性格各有不同。這是由於個人所秉賦的先天資質、家庭傳統、生活環境以及後天教養互有差別所致。同樣地民族性格也有所差別，各個民族各有自己獨特的表徵。

民族性是由貫穿歷史而來的，在綜合抽象化之後，表現在全體民族的思想上、態度上和行動上，不僅有其共同性，更有其持續性。而一民族的民族性，由於本身時空因素的變換，其民族性也有變換或演進的空間。

個人有不同的個性，民族有不同的民族特性。以中華民族來說，由於地理環境、氣候、宗教、風俗習慣的不同，就體形而論：北方高大，南方矮小，東方和西方人則介於不高不矮之間，身材中等。以性情論：北方人務實際、多忍耐，南方人務虛榮、多急躁。民族也是一樣，例如在同一所大學裡，請十個美國學生和十個法國學生，站在一起，並不出聲，我們一眼就可看出誰是美國學生，誰是法國學生。何以故？因爲美國學生好靜，法國學生好動。又如在同一個住宅區，有十家德國人、十家日本人、十家中國人和十家俄國人，不必問他們國籍，我們只要把這四十戶人家，門內門外窺視一眼，便知道誰是德國人，誰是日本人，誰是俄國人，誰是中國人。何以故？因爲德國人、日本人愛整潔，而俄國人、中國人不好整潔。再就我們同膚色的人說，即便都不說話，我們也能從他們的模樣和舉止分辨出誰是日本人，誰是韓國人，誰是泰國人。

每個國家都有它不同的文化特質，而此文化又都與它的民族特性有關。民族特性影響文化，文化也影響民族特性。所謂文化不是指文明，而是比較無形的風俗習尙、處世接物的精神表現。一國所不敢為，他國為之；一國所做不到，他國做得到。十九世紀日本閉關自守，美國戰艦闖進江戶灣強行叩關後，接著日本在武力脅迫下與五國簽下一連串的喪權辱國條約。知恥近乎勇，日本從此發憤圖強，「明治（開明的統治）維新」，一夕之間由弱勢的封建王朝躍登為世界的強權。中國剛好相反，在海上強權入關後仍抱殘守缺，從此淪為列強的俎上肉，任人宰割。

個人與個人之間，不知道彼此的出身和個性，不足以談交往，不足以搞好人際關係；國與國之間，不懂彼此的歷史、地理、政治、經濟、軍事、風俗、習慣和民族特性，不足以言外交，不足以言搞好國際關係，不足以言文化交流和國際貿易，更不足以言借鏡。但要眞正了解一個國家的民族特性，不能只是用望遠鏡，而是必須用顯微鏡才能深入落實，進窺洞察其內蘊。

民族性的研究，從小處看，有助於發展旅遊，溝通和增進民族間的了解和友誼；從大處看，可作爲擬訂一國外交政策和施政方針的參考。它是一門自古以來普受重視的學問。

民族特性的探討是一個相當複雜的問題。因爲它是由民族全體長期以來塑造而成的綜合體，故於其性格上有其「多變項的因果關係」（Multi-Variace causation and consequence）。譬如，我們看世界各國的成文憲法，以美國憲法爲始祖，但是現今世界各國憲法幾乎都已普及了，然而憲法的制定是人爲的，絕無兩國相同的憲法。同一君主國之中，英國的憲法與義大利的憲法不同，也與比利時的憲法迥異；同是民主立憲的國家，德國的憲法與美國的憲法不同，也與法國的憲法迥異。文藝復興發源於義大利，然而普及於各國後，並無兩國相同。宗教革命發源於德國，然普及各國後，也沒有兩個國家相同的。就如近代主義思潮，其初不過發源於聖西門（Saint Simon）、歐文（Owen）諸人。但影響及於各國後，也無一國相同，美國直至於今仍不過只有組合運動而已，法國社會黨稍見激烈，德國則造成社會民主，俄國則蛻變成蔣維諾，而後又告分裂。何故？社會學派以爲這是各國有特殊環境的緣故，歷史學者則認爲這是各國特殊歷史所造成，務實學者以爲這是民族性所造成。

因爲民族性雖然也受地理環境和歷史的影響，但是既然成了民族特性，也就可以創造歷史，創造和改變環境。

所以要了解和從事世界事務，不可不先了解各國的民族性。但是了解各國的民族性非常困難：第一，非博覽群書不可；第二，非周遊列國深諳各國情形不可；第三，非詳究各國風土人情、精神物質文明不可。若一人要具此三條件殊非易事，只能盡力而爲。

目次

前言

十九世紀的俄羅斯詩人丘切特曾說：「理智理解不了俄羅斯，一般的標準衡量不了俄羅斯。」

俄羅斯帝國自一五〇一年伊凡大帝統治全俄羅斯起，歷經四百多年，領土橫跨歐亞大陸，且正處東西方的接合部。至一九一七年，「十月革命」，改由蘇維埃統治七十四年，仍不斷向外擴張；至一九九一年，蘇聯解體，俄羅斯聯邦承其衣缽，疆土依然浩大，它儘管仍以歐洲為其政治、經濟、文化和領土重心，在亞洲仍占據三分之一的陸地。這個橫跨歐亞的國家，有著無邊無際的山川和白樺林，柴可夫斯基、普希金、托爾斯泰和門捷列夫曾在這裡出生和成長，橫掃歐洲的拿破崙和希特勒不可一世的鐵騎也曾在這裡潰敗。也許正是由於它占有獨特的地理位置，而且在面積上占有絕對優勢，確立了俄羅斯當前的「優勢」國家地位。

俄羅斯國徽上的那只雙頭鷹，警惕地同時張望著東方和西方。俄羅斯迄今仍沿用一九一七年二月革命前帝制時代的白藍紅三色國旗，象徵皚皚白雪的遼闊土地、豐富的資源、悠久的歷史文化和對人類文明作出的貢獻。

俄國著名思想家別林斯基說：俄國的歷史，既是一部不同於西方國家的歷史，也是一部不同於東方國家的歷史，它是一部在東西方之間探索、徘徊而又在東西文化上衝撞激盪、搖擺之後融合的歷史。這是俄羅斯獨一無二、與眾不同的國家特點。正因為如此，西方人常把俄羅斯人看做是「東方人」，而東方人又常把俄羅斯人看做是西方人。

俄羅斯文化在東西文化之間的角力中來回游離，再加上對俄羅斯起源與文化發展奠基作用的東正教，這種地理環境和社會文化背景決定了俄羅斯文化既具有西方的特質，又體現東方的神奇，俄羅斯民族性格也是既有豪放，又分走兩極。

柴可夫斯基的芭蕾舞劇《天鵝湖》、《睡美人》把愛情的惆悵傳向四方。普希金的童話《漁夫和金魚的故事》成爲絕響。列賓油畫上蓬首垢面、衣衫襤褸的縴夫傳遞給人們難以忘懷的對苦難的印象，充分顯示出俄羅斯人在歷史、文學、藝術等各方面曾經有過的榮耀。

陀斯妥耶夫斯基在《群魔》這部小說中，對東正教的救世主義作了一個經典的表述：「像俄羅斯這樣的一個民族，絕對不會甘於永遠只做一個世界事務中的重要角色，它必須要做一個主要的、決定性的角色，否則它就不是第一流的民族。」俄羅斯人豪放的性格也使他們重新崛起，在外交上日趨強勢。

三百多年前，彼得大帝建造了聖彼得堡，爲俄羅斯開闢了向西的視野和走向強盛的契機。這位強人發出豪語：「設若天假我以年，聖彼得堡將變成另一個阿姆斯特丹。」他的繼任者葉卡捷琳娜二世在她統治的三十四年內，把一個位於東歐一隅僅有二百多平方公里的地域擴張爲地跨歐、亞、美三洲的國家。幾十年後，第一個社會主義國家這片土地上建立，迅速完成了從農業國轉變成工業國的奇蹟。

二十世紀末，俄羅斯民族又選擇了新的思路：開始構建全面市場經濟和最新科技的武力系統，以確保國家的繁榮、人民的幸福和安全。雖然，西方國家的勢力不斷擠壓它的空間，但拜占庭皇室的血統以及東正教的救世主義仍給予俄羅斯人民以希望——民族主義的復興就在眼前。

站在千年輪迴的邊上，一個政治走向穩定、經濟獲得發展、社會趨於有序、民族精神提升的新俄羅斯，正徐徐走進人們的視野。頗受俄羅斯人民喜歡的普京總統語出驚人表示：「給我二十年，還你一個奇蹟的俄羅斯。」

對於俄羅斯人而言，所有這些都能勾起對一個曾經的光榮時代的追憶。蘇聯曾經領導著一個強大的集團，和美歐集團分庭抗禮，對比後來俄羅斯屢遭打壓、圍堵、捉弄、嘲諷的窘境，便不難理解俄羅斯人常有的懷舊情結：曾經可以豪情萬丈地奏響《一八一二序曲》，之後卻只仍以《第六交響曲—悲嗆》來表達他們的光景。

壹、影響俄國民族性的因素

影響俄國民族性的因素十分複雜，卻不外下列各點：

一、地理

自古迄今，任何國家的發展，無不受其地理環境的影響。舉凡水陸形勢的分布、山嶺河川的配置、土壤的肥瘠、資源的貧富、氣候的寒暖、雨量的豐缺等地理因素，均與國家的立國方針、外交趨向、經濟活動、社會組織，以及文化思想等等，具有密切的關聯。地理因素對俄國人民族性的影響尤屬顯而易見。

構成地球整個表層能供人類居住生存的空間百分之七十一是海洋，僅有百分之二十九是陸地。也就是說，至少有四分之三的地球表面是不能居住的。

如果將地球區分為南半球與北半球，又可明顯地看出，南半球多屬浩瀚的海洋，北半球才有遼闊的陸地。以法國羅亞爾河（Loire River）河口爲中心，劃爲北半球，全球百分之四十七的陸地位於北半球內；另以紐西蘭附近的蹠島（Antipodes）爲中心，劃爲南半球，則南半球陸地面積只有百分之九點五。

北半球橫亙北部的遼闊陸地，西起東歐，東迄東亞，跨越歐亞兩洲，地理學者稱此一廣大平原爲「歐亞平原」（Eurasian Plain）或歐羅西亞（Eurosia）。由於它是地球上最大的一塊陸地，而歐亞也沒有天然界線，單一不可分割，地理學者稱它爲「超級世界島」。全世界百分之九十五的人口在此居住。

俄羅斯民族即以此歐亞平原爲其生聚發展的基地，先後建立了「俄羅斯帝國」、「蘇維埃社會主義共和國聯盟」和現在的「俄羅斯聯邦」。

俄羅斯聯邦國土，東西寬而南北狹，東高西低，其形狀像一隻北極熊，頭部在歐洲，腹部和尾部在亞洲。領土橫跨歐洲的東半部和亞洲的中部及北部。幅員遼闊，面向三個大洋，瀕臨十二個大海，與十四個歐亞國家爲鄰。東濱太平洋，以白令海峽中的大狄奧米特島，東南隔根室海峽與日本北海道相望；南界北韓、中國、蒙古、喬治亞、阿塞拜然和哈薩光；西與立陶苑、愛沙尼亞及拉脫維亞相連，並隔波羅的海與瑞士對峙；西南和白俄羅斯及烏克蘭相連，並有一角瀕亞速海、黑海和裏海；北臨北冰洋；西北角與芬蘭和挪威接壤。加里寧格勒州是俄羅斯的一塊飛地，西臨波羅的海，南面是波蘭，北面和東面臨立陶宛。全國總面積達一千七百零七萬五千四百平方公里，約合六百五十九萬二千八百四十四平方英里，約占前蘇聯總面積百分之七十八，占全球陸地總面積百分之十一點四。國土東西寬一萬一千零二公里，南北長四千三百二十八公里，海陸國境線總長五萬八千九百多公里，其中陸界長一萬六千多公里，海岸線長四萬二千多公里，是世界上國土面積最大的國家。

俄羅斯也和早前的大英帝國一樣，稱得上是「日不落國家」，從東端的楚科奇半島到西端的加里寧格勒，約爲地球周圍的一半，時區相差整整十一個半時，幾乎達半晝夜，太陽走過俄羅斯全境約需十七小時，這就使俄羅斯高緯度地區的上空從春天到秋天，都可以看到不落的太陽。太陽剛沒入加里寧格勒的地平線，朝霞已映紅堪察加半島的上空，因此地理學者說：「俄羅斯與其說是一個國家，毋寧說它是一個世界。」

俄羅斯的國土，雖然亞洲部分遠大於歐洲部分，但它卻被公認爲是歐洲國家。這是因爲歐洲部分的領土是俄羅斯民族的發源地，也是古代俄國的本土，自古迄今一直是俄羅斯的政治、經濟和文化的中心，大部分人口和工農業都集中在歐洲部分的領土；而亞洲部分的領土，則大多壓根是歷代沙皇對外侵略掠奪擴張而來。沙俄時代所掠奪的東方領土，原曾越過白令海峽，占有北美洲的阿拉斯加，後來因感地處英屬加拿大殖民地邊緣，怕被英國奪去，才於一八七六年以七百二十萬美元的代價賣給美國。當時美俄是盟國，英國是美俄的共同敵國，美國亦深恐英國攻占阿拉斯加，形成將美國完全包圍的形勢，故有這項「燙山芋」的廉價交易。至此，美國成了距俄國最近的國家，俄羅斯西伯利亞的最東端距白令海彼岸的阿拉斯加最北部分只有五十六哩之隔。

俄國國土雖龐大而無變化，然若細加考察其風土，可分爲凍原地帶、森林地帶和草原地帶。

（一）凍原地帶。東起白令海峽，西至芬蘭邊界約占百分之十，亦即十分之一的土地爲終年冰凍不化的凍原，地面滿布蘚苔及矮小灌木，故亦稱「苔原地帶」（tundra），在國防上構成俄羅斯的天然屛障，極具戰略價值。

凍原地帶居民多數爲亞洲愛斯基摩人（Eskimas）。此地區盛產可供外銷的上等皮貨，極具經濟價值。

（二）森林地帶。俄羅斯凍原地帶之南，草原地帶之北，自波蘭邊界，經莫斯科、喀山（**Kazan**）、烏拉山而迄西伯利亞中部，綿延數千哩，約占俄國領土百分之五十。森林密列，一片青蔥，統稱爲「森林地帶」（Taiga）。森林之中，遍布沼澤，尤以西部最多。此區土壤爲灰色黏土，故亦稱「灰土帶」。其在經濟上的價值是燃料、建材及造船原料的外銷供應；而其在戰略上的價值，一如凍原地帶，易守難攻，構成俄羅斯第二道天然屛障。在俄羅斯歷史上，俄國人據此地區，以空間換取時間，一方面運用堅壁清野的焦土政策，一方面藉森林地帶的隱蔽，保持完整的軍力，伺機自前後左右襲擊來犯的敵人而獲全勝的實例不勝枚舉。

古昔俄境屢遭外族入侵，當剽悍的游牧民族侵入俄國南境草原之際，森林地帶即成爲俄人避難之所。蒙古悍騎雖可輕易攻下基輔，卻無法縱兵北上，撲捉遁入林裡的亡民。

一八一〇年六月，拿破崙率法國六十萬大軍，攻陷莫斯科，庫圖索夫就是充分利用森林地帶的複雜地形，當法軍進攻時隱匿保持俄軍實力，法軍搜索不到俄軍主力，向亞力山大議和又無人理會，只好撤軍。而當法軍撤退時，俄軍則以游擊戰術騷擾敵軍，時已十月，天寒地凍，糧秣不繼，俄軍自森林地帶三面出擊，拿破崙全軍覆沒。

因此，俄羅斯人常自詡擁有兩位足以制敵於死的「大將軍」把守國門，捍衛疆土，使俄羅斯免遭浩劫，一位是姓「凍」的「凍將軍」（General Frost），另一位是姓「林」的「林將軍」（General Forest）。

值得注意的是：俄羅斯歷代構成統治階層的「大俄羅斯人」（Great Russians），都是「芬人」（Finns），而芬人正是此森林地帶繁衍的俄羅斯主要人種。

自古俄羅斯人口半數以森林地帶爲家。他們一方面要防範猛獸蛇蟻的侵襲，更要提防原始芬人的陷阱與衝突，在濃蔭蔽天的夏季，視線晦暗，在嚴寒的冬季，晝短夜長，處處隱藏著生命的危殆，爲了自衛與爭取生存的空間，他們機詐成性。

（三）草原地帶（Steppe）。位於森林地帶之南，面積僅次於森林地帶，約占俄國領土的百分之三十。西起烏克蘭，經頓河、窩瓦河流域向東延伸，越西伯利亞南部，直達外興安嶺，與森林地帶大致平行。

這一地區土壤爲世界著名的「黑土帶」（Chernozem）。黑土厚達三呎至五呎。據地質學家研究，係冰河運動多年草根腐朽之結果。有機沃土含量爲百分之十，故爲農作物生長的溫床。盛產麥類，烏克蘭即因此獲得「歐洲穀倉」或「歐洲麵包籃」的稱號。其肥美程度，中國的長江下游或美國的中南部差可比擬。「烏克蘭」的含義是「邊地」（borderland）。

當農業尚未開發前，黑土之上，全是一片茫茫草原，高可沒人，乃東方游牧民族放馬馳騁的牧地。匈奴、蒙古之所以不斷侵入南俄者，其故在此。

俄羅斯草原地帶的缺憾是缺少山川阻擋，易受外敵侵襲。大草原爲外來游牧民族盤據歷數百年，成爲東方民族侵入歐洲的孔道，歐亞民族接觸引發的戰場，自一世紀以來，東方同屬游牧民族的蒙古人入侵，西方波蘭人、條頓人入侵，近者如法國拿破崙、德國希特勒的入侵，都是血跡斑斑的歷史事證。

俄羅斯人口一億四千七百萬，僅次於中國、印度、美國和印尼，是當今世界上第五人口大國。俄羅斯人的血統並非純粹的斯拉夫人，芬人與蒙古人的血統實占相當重要成分，因歐亞平原原爲一東西民族的混合場地，其血統的複雜性自爲必然的結果。

河川對於國家發展的重要關係，在埃及和中國歷史上，已有顯而易見的表現。其在俄國史中所占的重要地位，則更超過其他任何國家。

俄國河川百分之九十以上均係南北縱行。俄國陸界較海岸爲長，雖四周濱海，實爲一大陸國家。俄國的河川一方面是溝通內陸本身的孔道，另一方面也是溝通內陸與海洋的孔道。

古代俄國都市，多於河運中心興起，如基輔位於聶伯河（Dneiper）中流，莫斯科位於窩瓦河（Volga）上流，喀山位於卡瑪河（Kama）與窩瓦河交流處等，都是如此。俄羅斯境內，居住河谷的俄國人都比較和善，懂得互通有無，守望相助。

莫斯科是俄羅斯首都，全國第一大城市，也是全國的政治、經濟、科學、文化和交通的中樞。「莫斯科」一詞的原意是「划船者」，它具有八百多年的悠久歷史，而成爲俄羅斯的文明搖籃，曾不止一次擊退了外國大軍入侵。

二、歷史

俄國歷史學家克柳切夫斯基（Vasily Ospovich Klyuchevsky，一八四一至一九一一年）說：「一部俄國史，就是一部不斷對外殖民、進行領土擴張的歷史。」對外侵略擴張是俄羅斯歷史上長期奉行的戰略傳統。

俄羅斯民族（Russians）爲斯拉夫民族（Slavs）的一支。斯拉夫的意思是「奴隸」。斯拉夫最初發源地在東歐喀爾巴阡山東北麓及維斯杜拉河（Vistula）與聶斯特河（Dniester）上流之間，即今之捷克及波蘭南部一帶。

俄羅斯（Russia）的國名從「羅斯」一詞演變而來。中世紀時由斯堪的那維亞半島海盜瓦蘭內亞人南下至東歐平原，曾征服俄羅斯東南部地區，成爲俄羅斯地區第一個建國者。因征服者來自瑞典東海岸的羅斯拉根（Roslagen）地區，所以當地的斯拉夫人就根據這個地名的前半部分 Ros 稱這些征服者爲羅斯人，後來又演變成「俄羅斯」一詞。另外也有些學者認爲俄羅斯一詞，來自斯拉夫民族的羅季、羅斯和魯斯等三個古老部落。日本將俄羅斯用漢字音譯爲「露西亞」。

近代俄國的興起，係以莫斯科公國（一二六一至一五八四年）爲中心，莫斯科公國則以莫斯科城爲中心，莫斯科城則以「克里姆林」（Kremlin）爲中心。這一段由一處城市逐漸發展成爲一個國家的經過，和羅馬帝國以羅馬城爲中心以建立龐大帝國的情形，極爲相似。

莫斯科本是一個偏僻的小鄉村，一一四七年開始建城，十三世紀末成爲東北羅斯的公國。對於莫斯科（Moscow）名字的來歷，一直眾說紛紛。它的俄文是Moskva，有人說它來自芬蘭語，意爲「潮溼之地」；也有人說它得名於流經城邊的莫斯科河。莫斯科地處東北羅斯地帶，是水陸交通樞紐。

克里姆林俄文原意爲「城堡」，在俄國古代城市中，多有「克里姆林」的建築，並不限於莫斯科城一處爲然。現在莫斯科的「克里姆林」，係由蘇茲德爾大公「長臂」猶瑞・道格魯基（Yury Dolgoruky the Long-arm）開始建城，初用木柵，繼築城垣，到了一三六七年才添建四周石牆。經過了數百年的經營，始成今日的規模。

莫斯科即係克里姆林的擴大，由點而面，漸漸擴張。城建於莫斯科河兩岸，其始見俄史的年代爲一一四七年。

公元八六二年，奧列格（Oleg）建立基輔大國，並以希臘正教爲國教，後以莫斯科爲中心，建立中央集權式的莫斯科公國。

莫斯科公國的眞正崛起是在伊凡卡里達（史稱伊凡一世，Ivan I）統治時期（一三二五至一三四一年）。伊凡一世非常貪婪，喜歡聚斂錢財，因此有「錢袋」的綽號。伊凡一世爲大公時，將蘇茲德爾公國吞併，其後五百餘年之中，領域不斷擴張，最後竟至統一全國。

莫斯科公國位於歐俄平原的心臟地帶，深處於森林地帶之間，且在西部河流發源地的中心，好像一隻盤據在蛛網中心的蜘蛛，可以居中控制，照顧全局。當其羽毛不豐實力薄弱之際，則避隱森林之間，易守難攻，外敵鞭長莫及，足以保存實力，等待時機。既不像基輔位於南俄羅斯草原易受東來游牧民族的侵擄，也不像諾弗哥羅位於西北邊地，易受西來歐洲民族的侵襲。當其國力強大後，又可反守爲攻，向外擴張。

一二四一年，蒙古人入侵，並統治俄羅斯達二百四十年之久。

一四六二年，伊凡三世（Ivan the Great）即位。一四七二年，他與拜占庭帝國末代皇帝的姪女聯婚，把自己當作拜占庭帝國皇位的合法繼承人和東正教的世界領袖。他還把拜占庭帝國的「雙頭鷹」標誌做爲俄羅斯帝國的國徽，永久鑲嵌在克里姆林宮的大門上。從此，這種帝國崇拜的情結也深深地融入到俄羅斯民族的血液之中。

一四八〇年冬，伊凡三世親率大軍在烏格拉河結冰的河面上大敗蒙古軍，從此徹底結束了蒙古韃靼人對羅斯的統治，建立沙皇帝國。此後他又擊敗瑞典，以達波羅的海；南併喀山、阿斯特拉罕，以達裏海；西南擊敗立陶苑，收復烏克蘭，以達黑海；北併波姆（Perm），以達北極海。至一四八五年，不僅統一了東北俄羅斯，整個歐亞平原的西部也都大部納入莫斯科公國的版圖之內了，領土面積達二百八十萬平方公里，足足比原來擴大了兩倍。如此輝煌的功績，使他更加擁有至高無上的權威。

伊凡三世之子瓦西里（Vasily Ivanovich，一四七九至一五三三年，在位時期爲一五〇三至一五三三年）統治時期，自稱是「統治全俄羅斯領土的君主之君主」，並宣稱「君主的意志便是上帝的意志」。把自己說成是俄羅斯帝國乃至整個基督教世界和西方文化的合法繼承人，所有這些都有形無形地在推展沙皇的專制制度。

一五四七年一月，伊凡四世在克里姆林宮舉行拜占庭式的加冕儀式，正式改用「沙皇」稱號，成爲俄國歷史上第一位沙皇。沙皇（Tsar）一詞，源自東羅馬帝國的「凱撒」（Caesar）拉丁語的轉音，就是「皇帝」的意思，中文則以一半音釋一半義譯，釋成「沙皇」。俄國人以 Caesar 稱呼東羅馬帝國的元首，亦曾以 Tsar 稱呼蒙古欽察汗國的可汗，認爲是最高統治者的頭銜，以此表明伊凡四世是羅馬皇帝凱撒的繼承人和上帝派到人間的君主。相傳伊凡四世降生時，天空中雷霆萬鈞，響徹環宇，連山嶽都被震撼，因此，歷史上也稱他爲「伊凡雷帝」。

伊凡四世又稱「恐怖伊凡」（Ivan the Terrible）。他統治俄羅斯長達五十一年（一五三三至一五八四年）。在他執政期間，連年發動對外侵略和兼併戰爭，並對俄羅斯行政、司法和軍事進行了大刀闊斧的全面改革，有四千名大貴族被殺，數萬無辜百姓喪命。

莫斯科公國自一五四七年以後改稱「俄羅斯沙皇國」（Tsardom of Russia），到了彼得大帝時代，又改用「皇帝」（Emperor）稱號，俄羅斯沙皇國遂又改變爲「俄羅斯帝國」。不過，彼得大帝自己仍沿用「沙皇」的稱號，俄國史上則尊稱他「彼得大帝」。

一五八四年，性情暴戾的伊凡四世憂憤而死後，皇位由其子費多爾（Fyoder Ivanovich，一五五七至一五九八年）繼承（一五八四至一五九八年）。費多爾於一五九八年病歿，由於他沒有子女，皇位無人繼承，使得延綿達七百餘年的留里克王朝世系至此終結。一六一三年，經全國縉紳會議推舉米哈爾・羅曼諾夫（Michael Romanov，在位一六一三至一六四五年）爲沙皇。一六八九年，羅曼諾夫的孫子，年僅十七歲的彼得，憑籍禁衛軍政變取得皇位，號稱彼得一世（Pyotr Alekseyevich，一六七二至一七二五年），揭開了俄羅斯歷史上更加輝煌的一頁。

彼得登基之時，正值歐洲列強航海大發現，收益豐厚，工業和經濟飛速發展日正當中的年代，俄羅斯相形見拙，無論經濟、工業、交通、軍事等都已遠落他國之後，加上世襲貴族弄權，教會勢力干政，波蘭、土耳其等強鄰侵擾，激發了年輕的彼得一世奮發圖強之心。

在他看來，俄羅斯雖然幅員遼闊，卻是內陸國家，嚴重阻礙了農、工、商業的發展，導致經濟衰退，要振升國力，首須打通出海口；而要打通出海口，唯一可行的方法就是發動戰爭，這就必須建立強大的軍力；而要做到這一點，唯有接觸西方國家，向西方學習。

對俄國而言，通往出海口的途徑有二：（一）向南打敗土耳其，強占黑海北岸和克里米亞半島，控制通往黑海的通道。（二）向北戰勝瑞典，奪取通往波羅的海的通道。這兩條通道同樣重要，都是必須實現的戰略目標。

爲了實現這一戰略目標，彼得一世於一六九五、一六九六年先後兩次親自領軍攻打土耳其，冀圖奪取亞速要塞，打通黑海通道，都未能如願，因而強烈感受到建設一支強大海軍的必要。

爲了向西方列強學習，彼得一世於一六九七年編組了一個二百五十人、網羅各行各業的龐大訪問團。一名著陸軍士官軍裝的普通軍人並未引起人們太多的注意，他正是喬裝混入的年輕沙皇彼得一世。出發前，他爲這次出訪確立了多項重大使命，包括遊說歐洲各國政府，與俄國建立聯盟關係，共同對付南方的鄂圖曼土耳其帝國；廣納賢士，爲俄羅斯所用；向歐洲列強採購新式武器裝備造船，主要器材依照西方列強模式，訓練創立精銳海軍和陸軍；與西方列強簽署協議，派留學生前往學習各國的先進工業和軍事科技。他還刻意鑄造了一枚沙皇印章，上面鑲著「我是尋師問道的小學生」，用以突顯他對歐洲此行的認眞態度和重視程度。

俄國訪歐團整整持續了一年半，歷經數千公里，先後訪問了瑞典、普魯士、荷蘭、英國、神聖羅馬帝國、波蘭等先進國家。在實際接觸中，彼得一世得以親身體驗到無論在政治、經濟、文化和軍事等各方面，俄羅斯與這些先進國家相比，差距實在太大。他認爲西方國家之所以富強，就在於發達的工、農業生產和突飛猛進的科學技術。因此更加堅定了他效法西方，大刀闊斧改革，增強俄國國家實力的設想和決心。

彼得一世在訪問荷蘭期間，曾喬裝工匠，在贊丹造船廠實習一個月，由於他工作勤奮，被評選爲「優秀工匠」。這次訪歐，還加強了他與歐洲各國高層人物的交往，從而對歐洲的情勢有更深入的了解，他敏銳地感到奪取波羅的海出海口的時機已經到來。於是他果斷地確定加強軍事建設，興建軍事學校，聘請歐洲軍事顧問、遴選軍官赴歐游學，提高軍官素質，創建俄國歷史上第一支海軍。打從一七〇六年四月，俄國第一艘軍艦下水，到一七二五年，短短二十年，俄國已擁有戰艦四十艘，其他各型軍艦千餘艘，海軍官兵二萬八千人，大大地縮小了俄國與歐洲列強的軍力差距，他也因此贏得了「俄國海軍之父」的美譽。

在此同時，彼得一世在俄國政治、教育、宗教、社會、文化、習俗等推行了一系列的「西化」改革，大幅地提升了俄國的軟實力。他硬性御令俄國推行法式宮廷禮儀，學習歐洲流行風尚，一律著歐式服裝，男子禁蓄鬍鬚。

一七〇〇年，西化改革剛起步，彼得一世就急不及待，發動了對瑞典的侵略戰爭，目的就是奪取波羅的海出海口。這場戰爭共持續了二十一年，史稱「北方戰爭」。

一七〇三年，北方戰爭開打不久，彼得一世就做出決定將俄羅斯首都從世代沿用的莫斯科遷往波羅的海岸邊剛侵奪到手的一個小島，經過十年的建設，新都拔地而起，這就是聞名全球的「彼得堡」。他這個大膽的舉措，標榜著俄國的戰略重心開始轉向海洋，被後人評爲富有進取性的行動。馬克思指出：這是彼得大帝有意創造出來的外偏中心，「一個圓周尚有待決定，卻是一個爲進行世界性陰謀而精心選中的巢穴」。

一七一四年，俄軍波羅的海艦隊在芬蘭海域擊敗瑞典艦隊。俄海軍建立以來首次海戰獲勝，表明已具強大實力。一七二一年，瑞典與俄議和，俄國獲得了出海口，通往世界的海上之門就此打開，俄羅斯由一個閉塞地內陸國擴張成一個瀕臨海洋的歐洲強國，國際地位大爲提高。彼得一世的聲譽如日中天。

一七二一年十月二十二日，俄國政務院舉行隆重儀式授予彼得一世「全俄羅斯皇帝」的稱號。彼得一世的開明思想和改革作風，成功地喚起了俄羅斯民族壓抑已久的民族自尊和自強意識，使俄羅斯走上了富強之路。從此俄羅斯被世人稱作「俄羅斯帝國」。

早在十八世紀初，彼得一世即著重軍事革新，將俄羅斯引入歐洲軍事強國之林，此後歷任沙皇都注重軍力提升，爲的是要繼續對外擴張戰略。到了凱薩琳二世，俄軍總人數已超過一百二十五萬，在歐洲最強，當俄軍擊敗了所向披靡的法皇拿破崙大軍時，俄軍已眞正成爲歐陸上最強大的軍隊。

十九世紀初憑著打敗拿破崙帝國的餘威和在「神聖同盟」（Holy Alliance）中的領導地位，俄羅斯達到了它帝國歷史上最輝煌的顚峰。

從十九世紀初到二十世紀初的一個世紀中，俄國對外用兵一直持續，它的發展與戰爭始終連在一起。透過向四面八方不斷擴張，到二十世紀初，它的領土面積已達到空前的兩千萬平方公里，占據全球陸地總面積的六分之一。

到十九世紀末，俄羅斯的國家版圖最終確立，經過長達三百五十年的巧取豪奪、血腥兼併和殖民擴張，俄國的領土面積由二百八十萬平方公里劇增到二千二百八十萬平方公里，從東北羅斯的一個蕞爾小國擴大成橫跨歐亞大陸的龐大帝國。但一九〇四年，日俄戰爭的失敗，充分暴露了這個巨人的外強中乾。從此以後，來自東方的日本對俄羅斯的軍事威脅一直存在了整整半個世紀，直到第二次世界大戰結束。

一九〇〇年，席捲資本主義世界的經濟危機波及了俄國，致使甚多工廠倒閉，失業工人猛增，激發無產階級的政治覺醒，沙皇政府武力鎮壓引爆革命。一九一四年第一次世界大戰爆發，沙皇政府功能癱瘓。一九一七年十月，革命勝利，徹底推翻了沙皇的封建專制統治。一九二二年十二月三十日聯合其他十一個共和國和若干自治區建立「蘇維埃社會主義共和國聯盟」（簡稱蘇聯）共有十五個加盟共和國，在列寧領導下成立，實施共產主義，步上馬克思主義社會發展之路。

列寧（Lenin）的眞實姓名爲烏利揚諾夫（Vladimir Ilyitch Ulyanov），「列寧」爲一九〇二年發表〈作什麼〉（*What is To Be Done*）一文時所用的化名。或謂此字與「勒拿」（Lena）河有關，勒拿河爲西伯利亞最冷的河。一八七〇年出生，其父尼柯列維支（Hya Nilolaevitch）爲蒙古低級貴族，其母布蘭克（Maria Blank）則爲一日耳曼醫生之女。故列寧相貌在歐洲人看來頗似亞洲人，反之，在亞洲人看來則頗似歐洲人。

列寧在就讀喀山大學時因參加學生運動，於一八九五年被捕，被充軍於西伯利亞，三年後放逐。一九〇三年在德國被推舉爲布爾什維克革命領導人，在瑞士、法、奧等國往返。一九一七年二月革命爆發後返俄，在革命理論和政策方面提出一套自成體系的主張，共產黨人奉爲經典，並使其變成眞正的現實，列寧已成爲俄國黨政權力的核心，其獨裁權力超過「沙皇」，其聲望無人可比。加上他大言不慚的狂妄心態和力排眾議的專斷也招來反感，更顯示無人足以承擔其繼承人的地位。

列寧以蘇維埃政權新建，興革大計皆賴其主持，身心勞累。又因共黨內部磨擦迭起，憂心忡忡，而於一九二二年五月病倒，延至一九二四年一月逝世，時年五十四歲。同年，蘇維埃政府將「彼德格勒」改名爲「列寧格勒」（Leningrad）以示紀念。

自一九二二年起至一九三〇年，共黨領導階層間展開了爲期八年的傾軋，結果在史達林的合縱連橫妙用陰謀下一一解體，造成了一人獨裁的新局面。

史達林原名約瑟夫·朱加施維里（Joseph Djugashvili），史達林爲其革命後使用的化名之一，意爲「鐵人」。另一化名「科巴」（Koba），這是一個游擊匪首的名字。史達林一八八九年生於外高加索，父爲一農民出身的鞋匠，慣常酗酒後毒打此子，母爲一農奴之女。史達林在弗里斯神學院就讀時被開除，一八九八年加入社會民主黨，參加革命活動，多次被捕送往西伯利亞充軍。一九〇五年開始與列寧會晤，其後成爲布黨分子，一九一二年被任爲中委。當列寧臥病時，史達林已身兼數職，位居要津。

自一九三〇年起，俄國史進入了史達林爲中心的極權政治（Totalitarianism）時代，直至一九五三年史達林逝世始告結束，前後凡二十三年之久。

共產黨自一九二一年起成爲俄國唯一掌握政權的政黨。當十月革命成功後，布爾什維克即採獨裁路線，共黨外勢力全被清除後，乃轉而發生共黨內鬥。列寧逝世後，內訌更趨激烈。經過了一九二三至一九三〇年長期自相殘殺，史達林終於鞏固了他一人的獨裁地位，而且有所作爲。正如英國首相邱吉爾所說：「史達林是世上無出其右的最大獨裁者，他接手時，俄國只有木犁，而當他撒手人寰時，俄國已經擁有了核子武器。」的確，史達林用專制獨裁的手法，使蘇聯只花了十三年的時間就達到了其他國家花上數十年乃至上百年才達到的成就，不能不說是「功在黨國」，但也因此造成了蘇聯極大的失誤和缺陷：在經濟上著重重工業發展，使輕工業和農業嚴重失衡，產業結構畸形，浪費大量國家資源，而效率卻很低，雖然社會主義建設取得了巨大的進展，卻是以犧牲長期更大的利益爲代價，導致國強民困。

在政治上，史達林緊握實權，大搞個人崇拜，整肅異己，權力鬥爭擴大，危害深遠。但當國家面臨外侮時，史達林仍能指揮若定。

第二次世界大戰爆發，硝煙飛速蔓延全球。一九四一年六月二十二日凌晨，納粹德國集中一百九十個師五百五十萬大軍，在三千五百輛坦克和四千架戰機掩護下，對蘇聯發動閃電進攻。大敵當前，蘇聯人民在史達林的指揮下，表現出了空前的英勇和團結，迅速投入了抵抗侵略的戰鬥行列。蘇聯是二戰全球反法西斯的主戰場，全俄人民是反法西斯的主力軍，蘇聯獲勝，改變了大戰的情勢，成了整個反法西斯戰爭的轉捩點。據統計，二戰期間，蘇聯軍民傷亡達六千萬以上，其中死亡二千七百萬，一千七百多個城市和七萬多個鄉鎮遭洗劫，物資損失達六千八百億盧布，蘇聯一國的全部損失占二戰參戰國總損失百分之四十一。戰後，蘇聯的軍事實力和國際威望空前浩大，咸認是全球頂尖軍事強國，俄與英、美關係達到和好的高潮。

然而，沒多久美蘇爲爭奪世界領導權，關係迅速惡化破裂，形成對峙。一九四九年，蘇聯成功爆炸了首枚原子彈，從而打破了美國的核壟斷，以「恐怖局勢」抑制兩大軍事集團之間再爆大戰的可能。史達林的個人威望在蘇聯乃至整個社會主義陣營都再度達到巔峰，但其在國內外的負面影響也同樣巨大。一九五三年三月五日深夜，史達林猝死，時年七十四歲，留給蘇聯和世界的除了一個「偉大」的名字和一個「社會主義」陣營的「霸主」以外，還有令後人永遠難以評說的數不盡的是非功過。

史達林剛死，以粗魯聞名於世的赫魯雪夫接替了「蘇共中央第一書記」的職位。一九五六年，他在全蘇掀起了公開批判史達林的狂濤，八百萬無辜的受害者被平反釋放，六百萬枉死者得到昭雪。

蘇聯在美國之後不到一年，一九五三年成功地爆炸了第一顆氫彈；又於一九五七年研發了世界上第一枚洲際飛彈；同年，蘇聯將人類歷史上第一顆人造衛星送入太空；一九六一年，第一艘載人太空船也成功地在太空飛行。這些應該算是赫魯雪夫的政績，但他對史達林批判過激，方法步驟也欠周詳，造成了國內政治、思想混亂；在對外關係上，由於缺乏靈活應對外交突發事件的能力，導致美蘇關係因古巴飛彈危機一步瀕臨戰爭邊緣。蘇聯國際聲望大損。一九六四年十月他被迫辭去蘇共中央第一書記職務，永遠退出政壇。一九七一年九月，他七十八歲，因病去世。一塊半白半黑的大理石墓碑，暗示他充滿矛盾和爭議的一生。

赫魯雪夫下臺後，蘇共中央第一書記的職務由布里茲涅夫接任，部長會議主席由柯錫金接任，最高蘇維埃主席由波德戈爾內接任，形成「三頭馬車」的領導體制。它在一九七〇年代確實發揮了重要作用。蘇聯情勢大好，年度國防經費大增，陸軍坦克數量遠超美國，核武進展神速，洲際飛彈數量與美國持平。

此三人當時年齡都在七十以上，不到兩年半，三位最高領導人先後去世，「老人政治」終結。

一九八五年三月，蘇共中央非常全會推舉五十四歲的戈巴契夫任蘇聯共產黨總書記，此時，蘇聯雖可在軍事上與美國分庭抗禮成一方之霸，惟經濟上之困窘，民生凋敝，迫使他不得不改採自由開放政策，他倉促提出「加速蘇聯經濟社會發展的戰略」，大倡「民主化」、「公開性」和「新思維」，並立即開始推行政治體制改革，然已積重難返，結果造成了社會政治極端混亂、經濟蕭條、通貨膨脹、民不聊生、民族矛盾隨之激化，並產生了連鎖效應，多個加盟國藉機要求獨立，英美等國推波助瀾。一九九〇年一月，戈巴契夫被迫放棄蘇共政治核心體制，改行總統制，經蘇共中央全會通過決議，並推選戈巴契夫爲蘇聯首任總統。蘇聯民族主義運動隨即展開，一九九〇年三月，立陶宛率先宣布脫離蘇聯獨立。

同年，俄羅斯聯邦舉行選舉，葉爾欽當選爲俄羅斯聯邦最高蘇維埃主席，退出蘇共，其他九個加盟共和國仿效退出蘇共。一九九一年六月，葉爾欽當選爲俄羅斯首任總統。八月，戈巴契夫宣布辭去蘇共中央總書記職務，蘇共中央「自行解散」。至此，各加盟共和國紛紛宣布獨立，蘇聯解體。十二月八日，俄羅斯、烏克蘭、白俄羅斯簽署建立「獨立國家聯合體」（獨立國協 Commonwealth of Independent States）的協定。十二月二十一日，俄羅斯基於同文同種同宗教，與白俄羅斯、烏克蘭、亞美尼亞、摩爾多瓦、亞塞拜然、哈薩克、烏茲別克、土庫曼、吉爾吉斯、塔吉克等蘇聯十一個加盟共和國的元首在哈薩克首都阿拉木圖簽署了「建立獨立國家聯合體議定書」，宣布蘇聯已不復存在。

蘇聯解體，由其中最大的加盟國俄羅斯繼承其國際法人地位。俄羅斯成爲蘇聯唯一的繼承國。

一九九一年十二月二十五日，早已名存實亡的蘇聯總統戈巴契夫宣布辭職，並把武裝部隊和象徵無限權力、控制著二萬七千枚核彈的核按鈕手提箱，交給俄羅斯總統葉爾欽，這是一個既定傳統，顯示俄羅斯不會放棄核超級大國的地位，並在這個問題上，繼續與美國併駕齊驅，也藉此正告全世界，俄羅斯崛起的道路，與過去的歷史是銜接的。隨後，印有鐮刀錘子的紅旗從克里姆林宮頂樓永久降下，俄羅斯聯邦的紅、白、藍三色旗冉冉升起。翌日，蘇聯最高蘇維埃最後一次會議，從法律層面正式宣布了蘇聯的死亡。

三、政治

歐洲大小國家，從文藝復興以後，無論君主或民主制度，其政治無不日向光明邁進，獨俄國政治，自彼得大帝以來歷三世紀，不但毫無進步，並且日趨黑暗，這對俄羅斯民族影響極大。

十七世紀末，彼得登基，當時是俄國最混沌的時代，他對內整頓行政，改革財政，擴張軍備，改良教育，予女性以自由；對外爭出海口，而與瑞典交戰，稅收四分之三充作海陸軍費，農民四分之三死於疆場，卒獲巴爾捷克的海權，俄國之成爲近代一大帝國，實從此始。

彼得死後，凱薩琳女皇和亞歷山大一世，專傾全力於對內，以事歇息。至尼古拉一世，俄國社會轉趨混亂。他即位後，一面施行苛政，壓迫言論自由，獨裁專制達於極點。

亞歷山大二世政治方針較爲寬容，其所進行的改革，其實都是時代的反映，譬如解放黑奴，完全是當時工業進步的結果。一八六六年，亞歷山大二世遭人暗殺未成，政治逆轉回歸獨裁，禁止集會，擴張警察權力；但壓迫愈大，革命氣燄也愈烈，他因此再度遭到暗殺。

繼承其位的亞歷山大三世，深信警察是萬能政治，結果適得其反，引發革命。

尼古拉二世即位後，政府壓迫更甚，革命也因此更烈。一九〇五年發生第一次革命，一九一七年再起大革命。

帝俄衰亡後，列寧明知馬克思的唯物進化史觀是要封建社會生產力與生產關係發生了矛盾，才可能發生資本主義革命，也深知帝俄時代末期生產力仍停滯在純粹的封建階段，並無矛盾，還不配實行社會主義，但他為了奪權，歪曲事實，盲目引進馬克思主義做為他奪權的理論依據，推翻沙皇，創立「蘇維埃社會主義共和國聯盟」，大力推行共產制度。結果一開始就引發劇烈磨擦，憂心忡忡，至一九二二年五月，列寧因憂慼導發血管硬化痲痺症，失去行為能力，延至一九二四年，五十四歲英年早逝。

自一九二二年至一九三〇年，俄共領導階層因理論與權力之爭，展開了長達八年的反覆傾軋，結果史達林巧施合縱連出陰謀，才瓦解了托洛斯基的「左派集團」和布哈林的「右派集團」，繼承了列寧的衣缽，造成一個比帝俄時代更烈的獨裁新局面。

史達林爲了鞏固其權位，一意孤行，專制獨裁變本加厲，排除異己，奴役人民，並圖將共產主義向全世界推銷。可是曾幾何時，這種倒行逆施引起全蘇聯人民公憤，史達林暴斃，並遭到鞭屍的厄運。

戈巴契夫上臺，眼看蘇維埃王朝已病入膏肓，他秉承俄羅斯人的民族自尊和做爲一個俄羅斯知識分子的良知，要收拾殘局，挽救蘇聯的危亡，病急亂投藥，開放民主政治改革，解除新聞管制，釋放政治犯，開放人民出國旅遊，並盲目引進資本主義，卻忽略了經濟改革的實效，造成蘇聯全境食物乏匱，哀鴻遍野，天怒人怨，共產制度崩潰，蘇維埃政權瓦解。

葉爾欽挾著占原蘇聯百分之七十七的土地和百分之五十二的人口，在此關鍵時刻扮演了關鍵角色。他霸氣十足，爲了擺脫蘇聯專制體制的動亂時代，振興萎頽的經濟，孤注一擲，於一九九一年十月底推出一項經濟劇烈改革計畫，進行一項政治大豪賭，結果掀起風暴，陰霾密布，葉爾欽面臨重大挑戰，一九九一年八月十九日，共產黨強硬派企圖發動政變，葉爾欽站在莫斯科一輛坦克車上，展現捍衛民主鬥士的形象，此舉在國際引起巨大的回響。一九九三年十月，強硬反對派占據國會大廈，葉爾欽更果斷下令俄軍坦克向國會大廈開火。一九九三年十二月，公民投票通過俄羅斯獨立及第一部憲法，許多西方人士把葉爾欽視爲英雄。他強迫破產的俄羅斯自由化，俄國經濟採取資本主義，提倡政治多元化，允許新聞自由。一九九六年他獲得連任。但是他在國內的聲望很快地下跌了，因爲他酗酒嚴重，罹患心臟病就醫祕而不宣，並進行帶來災難的車臣戰爭，俄國人民認爲他導致俄羅斯國勢式微，迫使他不得不在一九九九年十二月三十一日倉促間把政權交給國安強人普京（Vladimir Putin）。二〇〇七年四月二十三日，葉爾欽心臟病發作去世，享年七十六歲。

普京臨危受命於二〇〇〇年當選爲首任總統，繼葉爾欽入主克里姆林宮之際，不僅國土縮小了四分之一，更引發政治混亂、經濟蕭條、民生困頓、人口渙散，幾乎導致整個社會崩潰，國家地位隨之一落千丈。

自二〇〇一年至二〇〇四年普京任職期間，俄羅斯的軍事、政治、經濟實力得到大幅提升，其「鐵腕」風格得到了民眾的推崇。俄羅斯民眾普遍認爲，普京領導俄羅斯擺脫了一九九〇年代的混亂狀態。

二〇〇三年第四屆總統選舉，普京以百分之七十一點三十一的得票率當選連任。

按照俄羅斯憲法，總統由國民直接選舉，任期四年，連選得連任一次，爲總統制之聯邦國家，普京連任至二〇〇八年屆滿便該下臺，但內閣總理係由總統提名國會同意後任命之，爲了繼續普京的既定路線得到貫徹落實，二〇〇三年十二月，普京與第一副總理麥維德夫（Dmitry Medvedev）「約定」，二〇〇七年大選時，由麥維德夫出線競選總統，當選後任命普京為總理，雙方形成「麥普配」。

被普京欽點為接班人的麥維德夫在政治分析家眼中是百分之百的國王人馬。他一九六五年從俄羅斯第一城聖彼得堡出生，與普京是同鄉，也是校友，並且學習同一專業。普京一九七五年畢業於聖彼得堡大學法律系，麥維德夫一九九〇年在該繫取得副博士學位，一九九一年起任聖彼得堡大學任講師，還在普京的聖彼得市市長期內任市政府對外關係委員會顧問。從此，他們攜手從聖彼得堡走向莫斯科。

普京一九九九年到克里姆林宮工作後，麥維德夫也到總統辦公廳工作。二〇〇〇年普京競選總統，他是競選總幹事，普京高票當選後，他也當上了總統辦公廳第一副主任、二〇〇三年升任辦公廳主任，成了普京總統的大管家。二〇〇五年出任第一副總理，主管與民生息息相關的經濟、社會、教育、農業、醫療、住屋、人口等「國家優先項目」，贏得不少民心。在政策實施上，他熟諳官僚體系的運作。

在西方人眼中，麥維德夫是親西方的溫和派人物，他自己的外交政策立場「很歐洲」，歐美都覺得與他打交道比較順暢，其實麥、普二人是一個唱紅臉，一個唱黑臉。

此外，麥維德夫年富力強，幹勁十足，閱歷豐富，經常深入基層，加上他身材高大，在公共場合穿著得體，紳士風度十足，爲人低調，得到朝野各界的大力支持。

二〇〇七年麥維德夫高票當選總統後，於二〇〇八年任命已卸任總統的普京爲總理。

二〇一二年二月四日俄羅斯總統大選，已當過兩任共八年總統、一任近四年總理的普京，如外界所預料，輕鬆當選，得票率爲六成五。當在位總統麥維德夫在克里姆林宮臺上宣布普京爲俄羅斯的下任總統時，一向剛強的普京淚水從臉頰滑落，逾十萬民眾在寒風蕭瑟中歡欣鼓舞。

普京於五月就職後，照早前的約定，任命當過一任四年總統的麥維德夫爲總理，兩人玩起「總統、總理，麥普互換」的「大風吹」遊戲，讓普京第三度成爲總統，而這場被諷刺爲「民選沙皇」的選舉，已引發不少民怨。

已成爲俄羅斯政治強人的普京，在過去掌握期間已成功修改憲法，將總統任期由四年改爲六年，他挾著「團結俄羅斯」一黨獨大的執政優勢，在此次三度當選後，仍將競選連任，在位長達十二年，加上他過去的兩任八年總統、四年總理，統領俄羅斯的時間將長達二十四年，幾乎追上史達林，而他卻說：「倘若一切順利，人民也如此希望，爭取連任，一切合法，是很正常的事。」

四、經濟

俄羅斯是一個農業和工業並重的國家，全國畫分爲六個經濟區——北部區、中部區、窩瓦河流域與北高加索區、烏拉爾區、西西伯利亞區、東部區。

北部區是經濟較發達的地區，不但有煤、石油、天然氣、鐵礦、多種有色金屬礦和磷灰石開採爲主體的採礦工業和森林採伐業，而且有發達的機械、鋼鐵、有色冶金、化工與石油化工、木材加工與製漿造紙、以及輕工業、食品工業等部門。

中部區是全俄羅斯政治、經濟、科學和文化的中心，也是經濟實力最強、科學技術力量最集中、生產工藝水準最高的地區之一，它的工農業產值居全國首位，是全國加工業和冶金工業最重要的基地，也是精密尖端工業和科學技術研究的基地，以及交通、運輸的總樞紐，農業也比較發達。

窩瓦河流域與北高加索經濟區，地處俄羅斯平原東南部，是東部地區與西部地區連繫的橋梁，也是俄羅斯南北水路運輸的重要通道，經濟發達，工農業產值居全國六大經濟區第三位。

烏拉爾經濟區是俄羅斯重要的重工業基地，也是歷史最悠久的工業區，產值居全國第二位。

西西伯利亞經濟區，由於自然資源豐富，地理位置比較有利，所以成為東部重點開發區。經濟發展速度高於全國平均水準，現也成為全國最主要的能源供應基地和重要的原材料產地，經濟結構簡單，主要是提供能源和有色金屬精礦及木材。

農業是俄羅斯經濟的一個重要組成部分，農業產值占國民生產總值的百分之十四，農業人口占全國人口四分之一。由於地理位置所處緯度較高，對農業生產影響很大。為了提高農業產量，目前全國在穀物、棉花和糖用甜菜的播種、馬鈴薯栽培、除草、施肥、整地及耕耘和農作物收割等田間作業上已全面機械化。農村所有農業企業實現電氣化。

全國耕地面積爲兩億一千二百多萬公頃。大麥、小麥、黑麥和燕麥占耕地面積百分之六十，其他如馬鈴薯、玉蜀黍、蔬菜等占百分之四十，西西伯利亞經濟區農業以小麥、黑麥和燕麥爲主。

俄羅斯政府現已大力推行農地私有化政策，允許農民合法買賣農地，鼓勵外商投資農業，全國共有十多萬個私人農場。但是俄羅斯的農業仍是經濟中最弱的一環，糧食長期自給不足，穀物、肉類、蔬果等，每年都仰賴從外國大量進口。

林業相當發達，俄羅斯地區廣闊，森林面積達七億公頃，森林資源占世界總量的四分之一，自聖彼得堡到海參崴東西長三千公里和南北寬一千八百公里的地帶均屬林區。遠東地區的外興安嶺一帶，也有廣大的林區，因此木材可以大量外銷，圓木年產量達三億六千一百四十多萬立方公尺，居世界第一位。

畜牧業是俄羅斯一個非常重要的經濟部門，產值占國民經濟總產值的百分之七。

俄羅斯是世界第二大漁業國，擁有北方、西部、黑海、遠東和裏海五大漁業基地，海洋有捕撈價值的魚類達兩百五十多種。太平洋西岸海域漁產豐富，庫頁島和千里群島一帶是世界三大漁場之一。堪察加半島西岸附近也有大漁場，產大量鮭魚。黑海、裏海和亞速海漁業也很興旺，俄羅斯魚子醬質佳量多。北極海一帶，更是俄國捕鯨船隊出沒的海域。俄羅斯擁有數千艘遠洋捕撈船，經常出沒於大西洋、太平洋、印度洋和大洋洲海域進行捕魚作業。

俄羅斯每年漁產量高達九百五十六萬七千多噸，僅次於日本，居世界第二位。

俄羅斯擁有豐富的礦業資源，地下幾乎蘊藏著世界上已知的所有種類的礦產，鐵、磷、石油、天然氣、煤、金、鉑、銅、鋁、鈦、鈾、鎂、錳、鈽、鈷、鉛、錫、鎳、鉀和鋅，以及許多其他有色金屬的儲量和產量均居世界前茅。鐵蘊藏量占世界百分之四十一，煤占世界百分之五十八，石油儲藏量占全球百分之五十七，石油年產量達六億多噸，每天可生產一千二百二十多萬桶，是世界最大的石油生產國。除供應國內需要外，還可以大量銷往外國，超越沙烏地阿拉伯，市占率近百分之十三。

西西伯利亞是俄羅斯最大的石油和天然氣儲集區，也是僅次於中東波斯灣的世界第二大石油區。

俄羅斯是世界最大工業國之一，長期以來堅持優先發展重工業的政策，形成了完整的工業體系。

由於境內煤礦資源豐富，所以大力發展火力發電業，各火力發電廠年總發電量達一萬七千多億度，占全國年發電總量百分之八十一。

核能發電居世界第一位，發電量達一億二千五百多萬度，占全國總發電量的百分之五點九。

俄羅斯是一個旅遊資源非常豐富的國家，遼闊的國土上有終年積雪的山嶺，無垠的沃野，廣闊的永凍地域、炎熱的沙漠、莽莽的原始森林、風光綺麗的海濱、神祕的火山和幾乎沒冬季的亞熱帶地區。悠久的歷史使俄羅斯古蹟眾多，爲旅遊事業的發展提供了有利的條件，使俄羅斯成爲一個國際和國內旅遊業都很發達的國家。全國各地開闢了數千條旅遊路線。

五、宗教

俄羅斯人迷戀宗教，最典型的宗教狂。在歐洲的宗教勢力，僅中世紀的羅馬可與比擬。俄羅斯軍隊的口號和標語，第一就是「宗教」，其次才是「祖國」。（德國軍人的口號和標語則不然，依次是「名譽」、「服從」、「勇敢」）。俄羅斯的哲學、文學、藝術等也含有濃厚的宗教色彩；至於社會生活，更無不在工作範疇之內。迷戀宗教的結果，俄羅斯軍人事事靠天命。部隊官兵每日早起、睡前、飯前都要禱告，軍隊出征前也要禱告。俄國若有紀念日，則全國群眾都必到禮拜堂。人民最踴躍的，就是捐款建築禮拜堂，不只公共地方，就是學校、軍隊、軍艦內，都設有禮拜堂。據戰前統計，每年增加禮拜堂，平均在七萬所以上。一九一四年，全國共有七萬七千餘所，而陸海軍的禮堂還不算在內。

因為他們所信奉的基督教獨樹一幟，他們懷疑他們的東正教會。

俄羅斯民族與西方文化的接觸較遲，他們遲至十世紀末期才接受基督教的信仰；到十七世紀末，才有彼得一世的西化。而且，俄羅斯人所接受的基督教義，又是來自東歐拜占庭帝國的希臘正教，偏重宗教形式，缺乏理論，更無內容。且自一四五三年，土耳其人攻占君士坦丁堡之後，俄羅斯人即再度與外界隔離。俄羅斯的基督教便自成一體系，在俄羅斯境內獨立發展，以致俄羅斯人以後誤認俄羅斯是基督教唯一世界中心，莫斯科是第三個羅馬城。至一八八〇年，俄羅斯聞名小說家杜斯妥也夫斯基據此引申稱：「只有斯拉夫民族才是上帝的寵兒」；後來俄共的宣傳機器更大言不慚地妄稱：「只有俄羅斯民族才是世界的主宰」。

東正教義傳入俄國雖始於十世紀末期，但教會地位的提高則始於蒙古統治時代。東正教會在此期間所擔任的角色，與日耳曼民族入侵西羅馬帝國後天主教會所擔任的角色大致相似。

蒙古對任何宗教，皆持寬大容忍的態度。欽察汗國認為東正教會是一股維持社會秩序、安定俄國人心的精神力量，頗有利用價值。因此對於東正教會，不僅承認其合法地位的存在，且加以保護。教會人士，不僅可獲豁免賦稅，且有免服兵役的特權。東正教會對於這支異族的統治，最初尚擬加以抵抗，後見事無可爲，乃轉而保持合作，在蒙古寬大的政策保護下，自圖發展，等待時機。

東正教會的組織並無變更，仍屬一個大主教區。不過到了十三世紀末期，大主教的「教座」，由西南移往東北，由基輔移駐莫斯科。此次遷移，對莫斯科公國地位的提高也是一個重要的因素。至一三二六年（伊凡一世在位期間）彼得大主教時，始將莫斯科定爲教座的永久所在地。莫斯科乃成爲全俄東正教徒精神領導的中心，東正教會亦成爲維繫俄國人心、激勵民族意識的一個機構。

其次，在蒙古統治期間，俄國教會另有一項重要的發展，就是修道院的興起。在一三四〇年到一四四〇年之間，新建的修道院不下一百五十所。修道院的修士，大多皆具崇高的人格、廣博的學識，更因其堅苦卓絕的奮鬥精神，使東正教會的文化水準大爲提高，人民對於教會的信仰也更加深厚。

歷史上，俄羅斯和日本是宗教建國的兩個顯著例子：俄羅斯到一九一七年，俄共革命成功之後，打倒了「國內唯一宗教」——基督教東方正教；日本的神權統治（天皇「不是人」，而是「神」），則到一九四五年才被美國強制取消。

俄國共產黨當政後，打倒了東方正教，而把共產主義當作宗教，因爲馬列理論說「宗教是人民的鴉片」，以及西方國家與回教國家詛咒「蘇聯是無神論者」，而被誇張和扭曲了眞相。事實上，一九一七年在莫斯科進行的「反東方正教」的政治活動，早在兩百多年前彼得大帝時代就發生過相似的例子了。他把東方正教教會改變成國家機器的一部分。在一九一七年俄共大革命推翻沙皇之後六年，土耳其的凱末爾也幹過類似的勾當（廢止回教爲國教的數百年舊規）——彼得大帝與凱末爾壓抑傳統宗教，都是爲了推行現代化，與十六、七世紀西歐宗教革命「解放國家」如出一轍。俄共仍是爲了現代化，只是手段更徹底罷了。而俄共的「現代化」，到了一九八〇年代，形成了備受詬病和諷刺的「僵化」，甚至被戲稱是「殭化」，所以民族主義者葉爾欽爲了「挽救俄羅斯」，就毅然「恢復民族傳統」東方正教，喚起了俄羅斯人的民族意識，導至蘇聯解體。

俄羅斯的東方正教，被蘇聯全面鎭壓了七十多年，爲什麼還能復活，成爲葉爾欽的「政治資本」呢？因為「俄羅斯」這個國名，原先就是「俄羅斯民族」的名字。俄羅斯的本音「羅斯」（Ross），是指十世紀在基輔至莫斯科的大平原上共同信仰東方正教的北歐瑞典貴族與斯拉夫農民的混合體。俄羅斯民族血緣是由這兩個不同種族混合而成的，正因為如此，造成了其他斯拉夫民族如波蘭、捷克始終對俄羅斯有隔閡。千餘年來是東方正教塑造了「俄羅斯」這個民族，正因為如此，歷史上的俄羅斯就是一個宗教國度——為了要強化宗教而建立起來的國家，並以民族宗教做為國名。

俄羅斯東方正教是新教的三大教派之一。基督教早在公元十世紀末就成為俄國的國教。一〇五四年，隨著基督教東西兩派的正式分裂，以君士坦丁堡為中心，東部教會自稱東正教，以羅馬教皇為首的西部教會自稱天主教，東正教隨之成為俄羅斯的國教。十五世紀中葉，沙俄崛起，自封為古羅馬繼承人，宣稱莫斯科是「第三羅馬」，使俄羅斯東正教會直接受沙皇控制。十六世紀末，莫斯科設大教長後，俄羅斯東正教便完全擺脫了君士坦丁堡教廷。直至第一次世界大戰前，俄國全境有一億多東正教徒，教堂五萬多所。

所以倫敦大學政治學教授麥考萊在評論葉爾欽否決「宗教」案時說得很好：「俄羅斯人是誰？假如你不是東方正教信徒，那你就不是俄羅斯人。」葉爾欽以東方正教擺脫俄共七十多年的統治而崛起，建立他自己的俄羅斯聯邦。

現在，俄羅斯聯邦是一個有著多種宗教的國家，有東正教、伊斯蘭教、佛教、猶太教和基督教等十多種宗教，有四十多個不同的教派。

蘇聯解體後，東正教迅速復甦，人民因共產主義的破滅而開始到宗教中尋找精神支柱，有許多人就像當年加入蘇共一樣，一夜之間成了虔誠的教徒，以信教為榮，就連過去鐵板一樣的軍隊也向官兵每人發一本聖經。全俄羅斯東正教最高精神領袖為大牧首阿列克塞二世，在俄羅斯官方二十世紀末頒布的國家三十七個禮賓級別排列順序中居第十五位。俄羅斯境內教堂數千座，教徒五千多萬，分布全國各地，成為全俄羅斯最大的宗教。

伊斯蘭教是俄羅斯第二大宗教，公元九世紀阿拉伯人入侵亞美尼亞和喬治亞時，也把伊斯蘭教傳入南高加索地區，後來又傳到窩瓦河中游和卡瑪河下游一帶。穆斯林主要分布在窩瓦河流域，韃靼族人大多是虔誠的穆斯林。

新教也是俄羅斯另一大宗教，它和天主教及東正教同為基督教的三大教派之一，新教徒主要分布在俄羅斯平原和西伯利亞各地。

猶太教是俄羅斯猶太人信奉的傳統宗教，公元前六世紀末以後，隨著猶太民族長期的世界性大流放，猶太教也傳入俄國。現俄羅斯猶太教徒主要分布在西部平原和遠東地區，在莫斯科和聖彼得堡都有猶太教的聚集所和會堂。

佛教在俄羅斯主要是喇嘛教，約有五十萬信徒，主要分布在布里亞特、卡爾梅克和圖瓦三個共和國，以及伊爾庫茨克州與赤塔州的布里亞特民族區。俄國的喇嘛教中心設在布里亞特共和國首府烏蘭烏德市附近的伊沃爾金喇嘛寺。

現今俄羅斯憲法也保障公民信仰自由，任何人都有權參加任何宗教團體，但也明文規定，教會不許干涉國家的政治和經濟事務，不允許利用宗教來危害公民。俄羅斯聯邦政府歸還過去被蘇聯政府關閉或挪作他用的宗教建築，電視臺公開播映宗教節目，一些政府高級官員和社會知名人物也都經常赴教堂、聚會所或寺廟參加宗教活動，不以爲忤。

六、語言

俄羅斯是一個多民族的國家，共有一百多種語言，其中有七十種語言有文字。主要民族語言分為印歐語系、阿爾泰語系、高加索語系和烏拉爾語系。印歐語系的居民占全國人口百分之五十；操阿爾泰語的各民族主要分布在窩瓦河流域、烏拉爾、高加索和西伯利亞等地；操高加索語的各民族主要分布在高加索山脈北坡山谷和山腰地帶；操烏拉爾語的各民族分布在由西伯利亞經窩瓦河流域到波羅的海沿岸、卡內利阿和科拉半島的廣大地域。在俄羅斯民族語言中，俄語（**Russki yazyk**）是最大的語種，屬印歐語系，斯拉夫語的東支，是境內各民族人民進行交往時普遍使用的語言，所以被定為官方語言，而且還是聯合國六種官方語言和工作語言之一。

在俄羅斯的非俄語地區，俄語常被用作第二語言；在俄國勢力範圍的其他國家，特別是以各種斯拉夫語為民族語的國家，都廣泛地學習俄語。

俄羅斯的方言可分爲：北部方言群——從列寧格勒直到整個西伯利亞；南部方言群——俄國中南大部地區；中部方言群——介於南北方言群之間。現代俄語文學語言以莫斯科方言爲基礎，莫斯科方言具有北部方言輔音系統和南部方言元音系統。

俄語曾受教會斯拉夫語言的強烈影響，而且自十八世紀彼得大帝實行西化政策後，又受西歐各國各種語言的影響，引進許多借詞。十九世紀詩人普希金（**Aleksandr Pushkin**）對俄語後來的發展有極其巨大的影響。

現代俄語名詞有單複數六個「格」——主格、賓格、工具格、與格、屬格、方位格；動詞有完成體和未完成體。語音系統有相當多的嗞音和嗞音叢以及一系列與非齶化輔音相對應的齶化輔音。斯拉夫原始母語的弱化元音 ĭ 和 ŭ 很早以前在俄語非重讀音節中已消失。

在外國語文方面，亞洲語文已在俄羅斯遠東地區迅速發展，許多俄國青年爲尋找待遇優厚的職業，都積極學習漢語和亞太地區其他語文。

俄國海參崴遠東國立大學繼英語之後的第二大外國語，不是法語或德語，而是漢語。目前，在遠東國立大學亞洲語文學系就讀的大學生，可以選修漢語、朝鮮語、越南語、泰語和印度語。

俄國遠東地區同亞洲的整合日益密切。多年來，俄國人學習亞洲語文的興趣越來越大，目前共有一千三百多名大學生選修亞洲語言的學位學程，幾乎接近過去三十年的總和。

過去三十年間，遠東國立大學亞洲語文學系培養的大學畢業生約有一千五百人。

另外，還有其他九百名非亞洲語文專業的大學生，選一種亞洲語文作爲副修課程，其中多數選修漢語。他們認爲精通漢語，便容易在商業旅遊業工作。

海參崴有三所公立中學專修漢語，培養他們成爲中國專家。

俄國歷代沙皇和前蘇聯領袖包括列寧、史達林、赫魯雪夫、布里茲涅夫和安德羅波夫等都不懂外國語，戈巴契夫會些許英語，但不靈光，只有普京偶爾在國外訪問時能表露一手簡短的流利英語。

七、教育

俄羅斯對教育相當重視，教育經費占國家總預算百分之六，政府明文規定公民不分種族、性別、語言、宗教信仰、財產狀況和社會地位，都享平等的受教育權，所有兒童及青少年都必須接受教育，所有教育機構都可用本民族語言進行教學，各類教育一律免費，部分學生的學習和生活費用完全由國家負擔，學生享有獎學金。教育體制分爲學前教育、普通中等教育、校外教育、職業技術教育、中等專業教育和高等教育。全國人口識字率高達百分之九十九點八，大致上已沒有文盲。目前全國有兩千四百多萬學生在各級學校接受教育。幼兒學前教育很發達，各地都可以看到托兒所和幼稚園。初級教育採義務教育方式，最初四年相當於小學，每班學生不超過二十人，課程內容除聽寫外，還有算術、音樂、美術和勞動實習等，後面四年爲初級中學，教學課程採學習技術及多方面的教育，比較偏重數、理、化及生物等科學技術課程，在學校附屬工廠和實驗農場中的勞動實習也是必修的課程。國內中等教育的課程有相當水準，分成專門中學、技術中學、夜校教育及空中電視中學等，一般年限都是兩年，中學畢業生可以升學也可以就業。中學畢業生需通過高考才能進入大學。大學又分綜合性大學及專科學院兩種，全國約有九百多所大專院校，共有兩百八十六萬在校生，不僅學費全免，而且有獎學金。

但自從共產黨解體，俄羅斯聯邦取代前俄羅斯蘇維埃社會主義共和國聯邦（簡稱蘇聯）起，俄國的各級學校受到蛻變混亂，影響極大，意識形態上震盪持續未已，舊的價值觀逐漸爲新思想所取代，最難爲的是教歷史的教師們，舊教科書充滿了蘇聯時代的政治口號和歪曲事實的詞句，有的幾乎和現實脫了節，新的課本在意識掙扎之中仍未產生，因此一九九四年，著名的莫斯科大學，甚至到考試時取消了歷史科考試。目前俄羅斯已在改寫大學的教科書，看來俄國教育的轉型，還有一段漫長的路要走。

此外，一九九一年蘇聯帝國崩潰後，成千上萬科學家投奔歐美，而政府一直把重心放在開採高收益的石油和天然氣，忽略培養能把國家帶入二十一世紀的科技人才，對科技教育投資不足。現在克里姆林宮鼓勵人才回國，但科技人才薪資微薄，有博士學位者月薪才約五百美元，故願回國的人極少。二千二百名科學家二〇一〇年七月聯名致函麥維德夫總統說，若不能吸引年輕人投入科學研究，經濟創新計畫注定失敗。俄國教育預算自二〇〇一年至二〇一〇年雖增加了一倍，但仍只達前蘇聯時期的零頭。最大的問題是官方過於自信，認爲俄國教育優於外國，不需加強教育品質。

八、文化

俄羅斯民族活動的地區，雖位於歐亞大平原之上，但其文化發展路線與民族成長環境，則處於偏僻孤立狀態，既沒有直接受到中國文化或印度文化的薰陶，也沒有充分受到東歐古典文化或西歐近代文化的感染，因此，形成了它的孤立性和落後性。

十九世紀以來，學術界對於俄國文化和俄國人民思想的本質，常有爭辯。或者指其爲東方文化，或者指其爲西方文化。有些偏激的英國或德國學者，甚至將若干俄國的思想制度，亦稱之爲「亞洲人的思想方式」（Asiatic way of thought）。所謂東方文化，應以中國文化或印度文化爲代表。但是我們在俄國文化中絕難找出儒家和道家以及印度佛教思想理論的根據。有些歐洲史家，特別強調俄國曾受蒙古長期統治，所以承受了東方的文化傳統，殊不知統治俄國的欽察汗國，是由外蒙地方派出的一支遠征部隊，遠在忽必烈征服中國之前，俄國與中國和印度既未發生廣泛的接觸，所以談不上接受過東方文化的衣缽。

至於俄國與西方國家的關係，在十九世紀以前，俄國與西方國家的接觸，只有兩段高潮，其一為十世紀末期基督教義的傳入；其二為十七、八世紀之交，彼得一世的西化。但是俄國人接受的基督教義，並非普及於西歐的羅馬正教，而是來自東歐拜占庭帝國的希臘正教。希臘正教比較偏重宗教的形式，缺乏理論的內容。且自一四五三年土耳其人攻陷君士坦丁堡之後，俄國教會即與整個基督教世界隔離，自成體系單獨發展。因此近世初期文藝復興、宗教改革這兩股對於西方文化具有劃時代影響的主要思潮，並沒有分潤到俄國的文化領域。蒙古二百四十年的長期統治，更使俄國與西方世界脫節。換言之，亦即俄國文化較西方國家落後了一段過遠的距離。彼得一世的西化運動，幅度大而深度小，其所波及的範圍，僅限於上層社會，一般廣大民眾並未受到深厚影響，所以依舊保持它原有的孤立落後狀態。

及至十九世紀以後，俄國與西歐的接觸始告密切頻繁。但在輸入俄國的西歐文化當中，自由主義和民主政治這兩股主流，並未能在俄國開花結果，反倒是共產主義這股逆流卻在俄國生根茁長。如此演變的結果，激起了「十月革命」的狂濤。

蘇維埃共產政權成立之後，紅色鐵幕深垂，對內實施血腥恐怖統治，對外再度採取隔離政策，而回復到原來的孤立狀態。由於文化的孤立與落後，也就影響到俄國一般民族性的孤立與落後，尤其在自由民主這方面的素養，極爲薄弱。因此在國內的統治方式和對外政策方面，也都趨於孤立與偏激。

蘇維埃共產政權垮臺後，俄羅斯吸取了既往的教訓，在國內宗教文化方面已較開放。現今俄羅斯全國文化設施相當齊全，共有三百六十三家各類專業劇院、二十四個大型交響樂團、八個民族樂團、三十四個室內樂團、十七家電影製片廠、六萬三千多所公共圖書館、八萬二千多家電影院和一千八百多所博物館。一般俄羅斯人頗爲重視家庭生活，民眾參與文化活動的意願都很高，如芭蕾舞、音樂會、馬戲團和歌劇等也經常觀賞，但少有其他娛樂活動。

體育運動成績突出，在歷年奧運會上獲金牌總數多爲第一名。一九九二年七月，俄羅斯脫離蘇聯獨立後首次組隊參加在巴塞隆納舉行的第二十五屆奧運會，又一次囊括最多的金牌和獎牌。

莫斯科電視臺節目種類繁多，有兒童節目、熱門音樂節目和美國及墨西哥影片等。卡通片在兒童節目中占了極大的比例，來自其他國家的卡通，配上俄語發音，深受兒童喜愛；來自美國和墨西哥的暴力和色情影片是成人觀眾的最愛；熱門音樂節目收視率頗高。較具文化藝術氣息如聖彼得堡著名古典音樂節目，配上名勝古蹟畫面，攝影精美，極受中上層觀眾歡迎。

俄國的無線電廣播電臺平均每天播音時間累計爲五百五十八小時，以莫斯科廣播電臺規模最大，歷史最爲悠久，開播於一九二九年十月，是世界上最早開播的國際廣播電臺之一，就連英國的ＢＢＣ廣播公司、日本的ＮＨＫ廣播電臺和美國的美國之音等的歷史都望塵莫及。

俄羅斯出版業發達，是世界上十大出版國之一，共有四千七百七十多種報紙和三千七百八十種雜誌，報紙和雜誌零售量分別爲一億六千多萬份和兩億四千多萬份，自俄羅斯從蘇聯共產主義改走民主經濟爲導向的道路之後，各類刊物更如雨後春筍般欣欣向榮。由於俄國人文化教育程度高，所以平時養成了喜歡讀書看報的習慣，全國每年出版圖書約四千六百多種，零售十七億六千多萬冊，平均每人每年購書十二冊。

貳、俄國人的民族意識

一、國家意識

俄羅斯「獨立國家聯合體」自一九九一年底成立以來，已歷經風雨飄搖二十年多。這個由蘇聯解體後多個加盟共和國搭建的對話平臺，向來被俄羅斯看做是自己的利益範圍，從而被形象地稱爲俄羅斯「後花園」。但這座爭奇鬥豔的後院似乎並不平靜。

一九九三年十二月，格魯吉亞做爲俄羅斯「獨立國家聯合體」十二個成員國最後一個加入該組織。

俄羅斯與格魯吉亞矛盾由來已久，主要因爲格魯吉亞境內的阿布哈茲自治共和國和南奧塞梯自治州與俄羅斯接壤，兩地在蘇聯解體後長期對抗中央政府，但與俄羅斯保持密切關係，接受俄方援助；而格魯吉亞則一直在美國力挺下，要求加入北大西洋公約組織，俄羅斯對此極力阻撓。在與格魯吉亞關係問題上，俄羅斯一貫保持強硬態度，曾聲言，如果格魯吉亞加入北約，俄國將採取軍事措施。

二〇〇八年八月八日，俄羅斯和格魯吉亞終於爆發衝突，先是格軍進駐南奧塞梯並炮擊南奧塞梯首府茨欣瓦利市，俄軍隨後進入南奧塞梯，與格軍發生激戰。南奧塞梯宣布獨立，俄羅斯首先承認。格魯吉亞宣布退出俄羅斯「獨立國家聯合體」。

俄羅斯「獨立國家聯合體」沒有中央領導機構，不具國家性質，更不是凌駕於國家之上的實體，而其宗旨是爲各成員國進一步發展和加強友好、睦鄰、和諧、信任、諒解和互利合作關係服務。獨聯體的主要機構有國家元首理事會、政府首腦理事會、協調協商委員會等。其中國家元首理事會是獨聯體的最高機構。獨聯體總部設在白俄羅斯首府明斯克，工作語文爲俄語。

俄羅斯一直是獨聯體各國的核心，雖然獨聯體各國地位是平等的，但俄羅斯一直扮演著「大哥」的角色，大有其他各國圍著它轉之勢。此前，烏克蘭和格魯吉亞加緊加入北約和歐盟的步伐，國際上不斷出現有關獨聯體能否繼續維繫、獨聯體還能「聯」多久的疑問。

近年來，要求獨聯體改革的聲音日益高漲。在獨聯體國家政府首腦理事會議上，獨聯體各國總理就曾探討這個問題，但是他們更重視的是獨聯體內部加強經濟及人文領域的合作，以及加快推進獨聯體一體化進程等問題。

關於獨聯體各國要求獨聯體改革的問題，俄羅斯總統麥維德夫於二〇一〇年九月十日表示，俄國不會走中國「發展經濟，限制政革」的路，並表示「議會民主」亦不適合俄國，將帶來大災難。

麥維德夫說，俄中關係友好，但各有發展道路，中國式的改革開放不適用於俄國。改革必須是漸進非激進的，不是不可以，而是不需要。外界對俄國民主的批評並未顧及俄國的威權歷史，「事實上，俄國從無民主可言……沙皇統治與蘇聯時期毫無民主可言。換言之，俄國是一個具有千年威權歷史的國家。我希望有意評估俄國歷史的人士留意俄國歷史發展，並希望外界不要對俄國批判太甚。」

二、外交意識

二〇〇八年九月一日，俄羅斯總統麥維德夫宣布俄國外交政策的五項原則，包括：（一）俄羅斯尊重確定文明社會之間關係的國際法基本準則。（二）俄羅斯認爲世界應多極化，單極世界不可接受。（三）俄羅斯不希望和任何國家對抗。（四）俄羅斯外交政策優先方向是保護本國公民的生命和尊嚴。（五）俄羅斯關注自身在友好地區的利益。

麥維德夫說，俄羅斯和其他國家的外交關係前景不僅取決於俄方，還取決於俄羅斯的朋友、夥伴和國際社會。

此外，麥維德夫表示，俄羅斯承認南奧梯亞和阿布哈茲獨立的決定是「不可改變」的。俄方做出這個決定的目的，在於「避免下一次種族滅絕」的發生。

自二〇〇九年六月以來，俄羅斯政府高層頻頻出訪：美國、歐洲、中東……各個國家、地區都有俄政府高層的身影。

二〇〇九年六月二十四日，美俄關於削減攻擊性戰略武器第三輪談判在日內瓦結束，雙方為加速簽署新的削減攻擊性戰略武器條約而努力，但由於俄方此前將此項談判與美國在歐洲部署反導系統掛鉤，向美國開出核裁軍價碼等因素，致談判陷於迷霧中，直至二〇〇九年九月十六日，歐巴馬政府採取行動，廢除前總統布希雄心勃勃的「防禦歐洲免於飛彈攻擊」的計畫，而代之以較小型、更機動的防禦系統。

歐巴馬此一重大政策轉變旨在避免刺激俄國，藉以換取俄方與美國合作，遏制伊朗的核武野心。俄方立即讚揚歐巴馬此舉是「負責任的行動」。

二〇〇九年七月二十三日，俄羅斯總統麥維德夫訪問埃及，與埃及總統穆巴拉克交談，雙方簽署戰略夥伴條約，促使兩國關係發展進入新的階段。在此之前，麥維德夫於六月十五日在葉卡提倫堡與阿富汗總統卡爾扎伊和巴基斯坦總統扎爾達里舉行三邊會談，呼籲建立三邊合作機制以解決反恐等問題；六月十六日，在上合組織峰會上建議探討地區安全和世界金融危機等問題。在此同時，俄國外長拉夫羅夫於六月二十三日出席歐洲安全與合作組織年度安全審查會議，主張各方共同締結一個「歐洲安全條約」，使有助於克服歐洲安全結構中的缺陷。

究竟是怎樣的外交意識促使俄羅斯近期在國際舞臺上如此活躍？二〇〇九年五月麥維德夫簽署命令，批准了俄國「二〇二〇年前國家安全戰略」。這份「綜合性基礎文件」闡述了俄國在國防、內政、外交及經濟等領域面臨的主要安全威脅應對手段，體現了俄羅斯的國家安全利益所在。

俄羅斯安全戰略仍然將美國列入威脅者的行列，報告指出，美國強化核武與常規武器，單邊發展反導系統和空間的軍事化威脅了俄羅斯的國家安全。因此，在關於削減攻擊性戰略武器的第三輪會談中，俄羅斯堅守「核底線」，為談判設立前提。

與北約的關係方面，北約二〇〇九年五月的軍演對抗為雙邊關係再次增添了不穩定因素。俄國安全戰略報告中明確指出：北約逐漸具有全球性並向俄羅斯邊界地區擴張，「與國際法準則背道而馳」，這是俄國「不能接受」的。歐安組織年度安全審查會議上，俄羅斯外長拉夫羅夫表示，北約的進一步擴大只會「加深以往的鴻溝」，締結「歐洲安全條約」勢在必行。

中東問題始終是俄羅斯的外交重點之一。重返中東，有利於爲俄國發展創建良好的外部環境，同時還可以在推動建立多邊國際控制結構的進程中，確立俄羅斯的重要地位，與國家安全戰略意旨相同。

俄羅斯二〇二〇年前國家安全戰略，要求俄羅斯在國際法基礎上，建立起與世界其他國家之間的平等互惠關係，同時採取合理、實用的外交政策，維護國家利益。俄羅斯聯邦安全會議祕書帕特魯舍夫一語道破了俄國安全戰略的用意所在。

「多邊」顯而易見，「務實」也不難查證。不與美國搞「星球大戰」即可視爲俄羅斯實用主義戰略的表現之一。針對美國可能進行的「太空軍事化活動」，俄羅斯國防部發表聲明，稱採取「非對稱性」手段將是俄羅斯於此的回應方式。在結束了上世紀八〇年代與美國的巨資「星球大戰」之後，俄羅斯此時顯得理性很多。「應該考慮一下，為什麼一定要在太空部署自己的武器。」俄羅斯國防部聲明如此說。

俄羅斯早前提出在莫斯科舉辦中東和會，以推動中東和平進程向前發展。獲得了國際社會支持，阿拉伯聯盟更是積極回應。日本多年來不斷要求俄羅斯歸還日本北方四島，受到俄國輿論的嚴詞拒絕。

二〇〇九年是中華人民共和國成立六十週年，也是中俄建交六十週年，俄羅斯總理普京十月十二日至十四日訪問北京，他自二〇〇〇年就任俄羅斯總統後曾多次訪中，此係他首次以總理身分到訪，除會晤胡錦濤、吳邦國外，還與中國總理溫家寶舉行十四次定期會晤，及中俄兩國企業家簽署三十四項協議，總價值超過五十五億美元。協議內容包括貸款、交通、基礎建設和採礦等。他並出席上海合作組織第八次總理會議。普京說中華民族是一個偉大的民族，中國是一個偉大的國家，俄羅斯和中國之間的合作是維護世界穩定極其重要的因素，兩國在重要國際問題上有著協調一致的立場和看法，在重要國際問題上發揮著關鍵作用。俄羅斯十分珍惜同中國的合作。

俄國外交部發言人涅斯捷連科說：俄中兩國領導人之間的政治信任現已達到了前所未有的程度。俄羅斯已同意向中國出口技術更先進的戰機，以推動與中國的軍事合作，意味著俄羅斯對與中國的軍事合作的重要性認識得最爲清楚明確。中俄貿易多用兩國貨幣，少依賴美元。

普京此行訪中，與溫家寶簽署兩國「關於相互通報彈道導彈和航天運載火箭發射的協定」，受到國際媒體的格外關注。中俄此時簽訂這項協定，戰略意義非比尋常。

從國家安全的角度去理解彈道導彈發射當屬一個國家的重要軍事機密。國家之間達成相互通報的協定，應屬於建立軍事安全互信的範疇。但事實上並不盡然。

冷戰期間，美蘇兩個超級大國爭奪世界霸權，將數以萬計的核彈頭瞄準對方，隨時處於待發射狀態，對世界和平構成嚴重威脅。爲了防止戰略誤判或偶發事故，美蘇從二十世紀六〇年代開始展開了曠日持久的談判，先後達成了「熱線協定」、「關於減少爆發核子戰爭危險的措施協定」等一系列協定，其中有些協定也包含有如果是向本國國土以外發射且發射方向又是指向對方時，應事先通報。需要指出的是，美蘇當年達成的這項協定，其根本性質是對抗和爭霸的產物，這些所謂的信任措施是建立在「相互確保摧毀」理念之上的，目的是維護一種「恐怖狀態下的和平」。在核子戰爭陰霾密布，隨時可能一觸即發的背景下，能夠達成這樣的「安全互信措施」，不能說沒有意義，但其作用至多是減少誤判，避免擦槍走火。但就其作用而言，距離眞正的戰略互信相去甚遠，而中俄此時在戰略協作夥伴基礎上簽署這項協定，乃是兩國不斷擴大合作，增強戰略互信基礎的重要舉措。

戰略互信是國家關係發展的基礎，而眞正的互信是需要共同培育的。二十世紀九〇年代，中蘇達成了「關於在中蘇邊境地區相互裁減軍力和加強軍事領域互信的指導原則的協定。」一九九二年，兩國政府發表了「相互關係基礎的聯合聲明」，在聲明中，雙方承諾「不參加任何針對對方的軍事政治同盟，不同第三國締結任何損害另一方國家主權和安全利益的條約或協定」。這一原則爲兩國關係發展奠定了堅實的基礎。正是由於有了這樣的政治基礎，兩國在軍事安全領域的合作，才能得到不斷發展。

中俄此項協定標誌著兩國戰略互信達到一個新的高度。溫家寶總理指出，中俄戰略協作夥伴關係堪稱睦鄰友好典範；普京總理認爲，俄中合作是維護世界穩定最重要的基石之一。從兩國領導人的高度共識中可以看出，中俄關係全面發展的重要基礎，正是來自於不斷提升的戰略互信。

三、危急意識

俄羅斯人自古以來所遭受的災難，接連不斷，已是歷盡滄桑。由於俄羅斯大草原以北，從鄉村到城市，所有房屋都用木材建造，火災是俄國人最大的隱憂，他們都在住宅和穀倉的牆壁上繪上「紅公雞」，成了俄國人傳統的迷信。紅公雞是火的剋星，藉以滅火「消災」。但儘管如此，俄羅斯全國各地，自古迄今，不分冬夏，仍是火災迭起，帝俄時代更多，自一三三〇年至一四五三年間，單就莫斯科而言，就有十七場大火災。由於火災非常普遍，而且太過頻仍已經不成爲新聞，除非在一次大火災中有七、八千棟房屋被焚，才會引人注意。二〇一〇年八月七日國際媒體報導，八月六日一天之內，俄羅斯山火惡化，新增森林大火火點二百四十八處，全俄五百五十八處火點一直都在激烈燃燒。官方公布的數據顯示，這場數十年來最嚴重災難，已導致五千多人死亡。全俄各地山林大火的災場加起來的面積超過五十萬畝。美國太空總署發放人造衛星拍到的照片，顯示在太空中也可見到火場冒出濃煙的情景，濃煙四處蔓延，遠達歐洲各地。

此外，自帝俄時代至今，長期不斷的外國侵略、瘟疫、暴虐統治、內鬥和饑餓，在俄國人的腦海中揮之不去，形成了不易消失磨滅的記憶。這足以說明殘暴成性正是俄羅斯人對歷史事實的合理反應，也因此增強了俄國人的危急意識。

二〇〇九年是柏林圍牆倒塌二十週年和東歐十國加入歐盟五週年，歐盟於二〇〇九年五月與前蘇聯的六個加盟國——烏克蘭、喬治亞、白俄羅斯、亞美尼亞、亞塞拜然和摩爾多瓦正式締結「東部夥伴」關係，全面擴大能源和經貿合作，以建立自由貿易區和人民往來免簽證爲長期目標。

由於歷史、人種和地緣關係緊密，歐盟此舉等於在挖俄國後院牆腳，俄國外長拉夫羅夫就批評歐盟藉機擴大勢力範圍。俄羅斯人急得跳腳。事實上，俄羅斯對東歐地區的影響力已大不如前。就在俄羅斯外交和經濟弱點逐漸突顯之際，歐盟刻意透過「東部夥伴」關係，繞過莫斯科，將這些「獨立國家聯合體」成員國納入歐盟，擺脫俄羅斯。這使俄羅斯激烈反彈。

自一九九三年以美國爲首的北大西洋公約組織提出「東擴計畫」以來，俄羅斯與北約的爭吵就沒有中斷過。從接受華沙公約組織成員到擴張至波羅的海國家，到考慮把格魯吉亞、烏克蘭等攬入懷中，再到頻頻在東歐部署反導彈系統，北約步步緊逼，不斷壓縮俄國的戰略空間，甚至「孤立」俄羅斯。北約東擴嚴重影響俄歐雙方關係，而北約試圖成爲「世界警察」的做法也讓主張建立多極世界的俄羅斯不能釋懷。

二〇〇八年七月九日，美國與捷克簽署雙邊飛彈防禦協定，同意美國在捷克境內部署追蹤雷達，引發俄羅斯抗議，俄國外交部宣稱，如果捷克議會批准這個協定，莫斯科不得不做出軍事反應。

俄國外交部在聲明中強調：「如果美國戰略飛彈防衛系統部署在我們邊界附近，我們將被迫回應，不是以外交方式，而是以軍事對策」。

二〇〇八年九月初，俄羅斯與委內瑞拉海軍在加勒比海實施聯合演習。這是俄國首次與委國實施聯合軍演，也是俄國首次在美洲海域實施軍演，而地點又是在被美國視爲勢力範圍的加勒比海。九月十二日，俄國兩架 TU-160 戰略轟炸機首次飛抵委國，從事「訓練飛行」。俄國空軍高階將領並揚言要在古巴和委內瑞拉這兩個美國「後院」國家長期使用空軍基地訓練戰略轟炸機。九月十八日，俄國北方艦隊一艘戰略核潛艇試射新一代「布拉瓦」戰略導彈，回應美國在波蘭和捷克設置導彈防禦系統。

二〇〇九年三月十六日，美國與南韓進行聯合軍演期間，兩架俄軍 IL-38 巡邏機在日本海國際水域上空飛過，距美軍「斯坦尼斯號」航空母艦上空僅約一百五十米，是俄國軍機二〇〇九年低飛「最接近」美國軍艦的個案。十七日又有俄軍熊式戰機在「斯坦尼斯號」及指揮艦「藍嶺號」上空徘徊。三月十七日，俄國總統麥維德夫在國防部年度會議上說：「北約擴編，加上國內危機和國際恐怖主義威脅，都需要軍力現代化的俄軍加以因應。」

二〇〇九年九月十七日，美國總統歐巴馬表示放棄在捷克和波蘭部署反飛彈防禦系統基地後，俄羅斯也暫停在和波蘭與立陶宛接壤的加里寧格勒部署「伊斯坎德」戰術飛彈的計畫。俄國總理普京讚揚這是「正確而又勇敢」的做法。

參、俄國人的獨特性格

一、堅韌

俄羅斯人是一個潛力極厚的民族，有無比堅強的韌性，不易在一兩次打擊之下束手就範。由於幅員廣大，人口眾多，所以對於外來的襲擊，常能以空間換取時間，以多數壓倒少數，以柔克剛，以緩制急。波蘭、瑞典、法國（拿破崙）、德國（希特勒）進攻俄國時，雖能獲得初期的勝利，但最後仍難免在俄羅斯民族整體堅韌兇悍的反撲下全軍覆滅。俄國著名歷史學家貝南德培爾斯二十世紀初在其所著的俄國史中，特別強調俄國在前列對抗外敵的戰役中之所以能夠獲勝，並非由於米寧、彼得大帝、庫圖索夫或史達林等的領導，拯救俄國國運的實際上是堅忍不拔，使外敵難以糾纏的民族性與熱愛祖國誓死如歸的民族精神。

十九世紀法國歷史學家萊洛亞．波利厄也曾經辯論，俄國人在本質上是全世界最不好戰的民族，但他也稱讚帝俄時代應徵入伍的農奴士兵說：「他們是全歐洲最堅強的戰士，他們刻苦耐勞的能力是西方國家中所未曾見過的。當他們馳騁橫越俄羅斯南部的大平原，與入侵的敵軍廝殺時，傷亡枕藉，倖存者也幾至筋疲力竭，因過勞而倒下的數以萬計，但他們仍然前仆後繼，不曾有過任何抗命或退縮。」這其間滲雜著錯綜複雜的情緒。當我們細讀果戈里、普希金、托爾斯泰或杜斯妥也夫斯基的作品時，莫不發現其中充滿傷感、懷疑、諷刺的感受。

二、粗獷

俄羅斯民族是一個比較粗獷的民族，因為他們接受文化薰陶的時間較晚。在帝俄時代，有著良好教養的，只限於上層的少數貴族。一般平民目不識丁，粗鄙莫名。蘇維埃政府建立後，雖全力掃除文盲、普及教育，但是共產黨的教育政策，過分偏重黨性的培育，忽視人性的陶冶，因此，俄國人的行為，常常表現出殘忍冷酷的野蠻作風，在第二次世界大戰當中，紅軍在中國東北地區和東歐戰場的種種暴行，正好說明俄羅斯民族性中的這一特質。

十六世紀德國駐俄大使西吉斯曼・赫伯斯坦在久居莫斯科與俄羅斯貴族共處多年，又曾至俄羅斯全境民間遨遊，使他深切體會並確信俄羅斯貴族與平民都具有殘暴性格。他想進一步探討這一問題的癥結——究竟是沙皇的專制政治使人民變成殘暴呢？還是人民粗野殘酷，使專制成為俄羅斯帝國在政治制度上的需要？卻始終未能找出這項問題的答案。

那些到過俄羅斯旅行的外國人對俄羅斯人的觀感如何？據《時代》生活叢書《俄羅斯的崛起》作者羅伯特・華萊士（Robert Wallace）記述，十六世紀以後到俄羅斯旅行的人增多，他們回到自己國內所發表的遊記，都充滿了對俄羅斯人性格的輕蔑和藐視，甚至謾罵，他們異口同聲地說，俄羅斯人粗魯橫蠻。

外國遊客常常批評俄羅斯人粗獷而沒有文化，殊不知他們所到之處，全是市鎮或鄉村，忽略了早期世界各國歷代王朝，只有貴族階級才能受教育，才有文學修養，平民幾乎全是目不識丁、性情粗野的鄉巴佬。

不過這些外國遊客筆下描述的遊俄觀感，也不完全是信口雌黃，而是身歷其境的實地體驗。

三、極端

俄國施行沙皇極端專制的帝政，凡四百多年，「十月革命」驟然變成蘇維埃共產政制，這樣的極端變化，在世界歷史上，除俄國外，幾乎再沒有第二個例子。於是，世人都認爲俄羅斯是一個非比尋常的祕密國家，俄羅斯人是一個非比尋常的神祕民族。其實，把俄羅斯人的民族特性攤開來仔細研究，便知道，這種變化乃是俄國人所固有的、必然會發生的，絲毫不足爲奇。

在俄羅斯社會中，隨處可以看到，譬如俄國人的慈悲，是超乎世界其他民族的，但其殘暴也是舉世罕見、無與倫比的。如托爾斯泰（Lev Nikolayevich Tolstoy，一八二八至一九一〇年，俄國小說家及社會改革家）式的人物，幾乎口不食生物，足不踏生草，一種「觸物如傷」的情懷，絕不是今天歐洲社會中所常有的。又如待人，除法國人以外，以俄羅斯人最爲親善，這使俄國人爲慈善的民族了。但是一看帝俄、蘇聯和現在的俄羅斯聯邦，對政治犯那種兇殘橫暴的手法，在世界各國少有。帝俄時代，常以「莫須有」的罪名，動輒株連盈千累萬人，輕則充軍，重則處死。又如蘇維埃統治下，凡屬反政府嫌疑，只憑捕風捉影，就可殺無赦。又如共產黨本是「無神論」者，一面打破偶像，取締宗教，一面又藉宣傳使人民迷信共產主義，並製造偶像，搞個人崇拜，整肅異己，史達林、赫魯雪夫等蘇維埃當權者莫不如此。

凡此種種，都是俄國人善於由極端變到更極端的實例，不勝枚舉。

在嚴寒的俄羅斯，植物種植生長的季節很短，俄羅斯人能在田野工作的時間相對的短少。這時候，他們得加緊努力工作，得不到休息；到了漫長的冬天，不僅不能外出工作，還只能呆在家裡，活動的空間也大爲縮小，閒極無聊。這種極端兩極化的變幻，造成俄羅斯人一時歡欣鼓舞，一時又垂頭喪氣，心口不一致的兩極化特殊性格。

四、忍耐

從一個國家的民族性觀點來看，氣候寒冷地方的人多富於忍耐。

俄國人因地處終年酷寒的寒帶，常年忍受大自然的煎熬，正所以養成了他們對環境壓迫的忍受力量。對任何逆境，任何嚴峻的考驗，皆能沉默應對，屈從適應。

俄國政治、經濟、社會的發展，高下懸殊相差極大。上層統治者是封建官僚、地主、貴族，下層是貧困、潦倒、孤苦無依的農奴。多次改革，徒勞無功。因此使這些構成主要人口的農奴逐漸失去了生活的意志，對一切來自政治的、經濟的或社會的壓迫，只好處之泰然，安之若素。

俄國人常能冷靜面對死亡，因爲在他們的心裡，生死並無多大的差別。對於他人的痛苦，固然可以熟視無睹，聽若罔聞，無動於衷；對於本身的遭遇，也同樣默默承受，認爲是命運注定如此。其所表現的是專制甚久，而革命不多。譬如：我們看法國大革命的重大原因，就是起因於路易十四。其實，俄國自立國以來，像路易十四這樣的皇帝，比比皆是。再看重法紀、守秩序的德國人，凡政治社會稍有不平，也常常惹發革命，像是宗教革命和一八四八年的革命等。即使是號稱富於保守性的英國人，他們的革命也遠比俄國人革命的次數多。獨於俄國，歷代專制相承，而且愈演愈烈，但他們的革命都比其他國家少。這就可以充分看出俄羅斯民族的忍耐性。

英國培納德・斐爾斯爵士曾盛讚「俄國農民是世界上最懂得『躲避藝術』的民族，他們歷盡瓦朗基安人、蒙古人和羅曼諾夫王朝各代沙皇的殘酷統治和剝削，只是小心翼翼，默默耕耘，但求生存溫飽和統治者不要干涉他們和家人的生活。」

五、憂鬱

俄羅斯的天然環境，有著永遠過不完的冬季，加上遼闊無際而寂寥的荒漠疆土，是促成俄羅斯人富有憂鬱傾向的主因。

一般人很難想像俄羅斯境內的沙漠地帶居然如此廣大，位於草原地帶之南，占俄羅斯領土總面積約百分之十，西起裏海，經鹹海，越中亞土耳其至中國邊界，此係北半球大沙漠帶的中段。由此向東北，為中國境內的新疆沙漠及蒙古戈壁沙漠；向西南則為阿拉伯沙漠及北非撒哈拉沙漠。此地區僅哈薩克一帶沙土，是俄羅斯的重要棉田。

居住在沙漠地帶的俄羅斯人，在性格上，大都含有極為濃郁的憂鬱悲愴情緒。這種情緒有時充滿了哀戚傷感的自怨自憐，有時夾雜著悲天憫人的仁慈關注，如托爾斯泰式的「食不殺生、行不踐草」，大有「觸物如傷」的情懷，為一般社會所罕見。

其實，這種情緒，不只是居住在沙漠地帶的俄羅斯人才有，即使居住在俄羅斯其他地區的平民百姓，由於一直生長在內憂外患的不斷衝擊之中——經常出現的天災饑饉，農奴所處的卑賤地位，社會制度的不合情理，沙皇宮廷、蘇維埃和俄羅斯聯邦的專制殘酷統治，外來敵軍的斷續侵略，以及戰爭所帶來的種種災害，全都足以構成一幅悲慘的背景。大多數俄國人一生當中，不論他是生長在恐怖的伊凡時代，或是生長在史達林時代、赫魯雪夫時代、戈巴契夫時代、葉爾欽時代或普京時代，對俄羅斯人而言，全是惡運當頭，逆境多於順境。因此，在俄國人的文學作品以及音樂繪畫的表現當中，大都充滿了憂鬱的情調。十九世紀的著名思想家赫津（Herzen）在其所著的《俄羅斯人民和社會主義》一書中即曾指出，俄國的文學作品，有三個主要的情調：一為傷感，二為懷疑，三為諷刺。其中獨缺開朗愉快的樂觀氣氛。我們從普希金、果戈里、杜斯妥也夫斯基以至托爾斯泰的作品中，很容易找到上述的感受。俄國早期的民歌全是一片沉痛的哀吟，或者悼念征人葬身戰場，或者吟誦荒年的景象。俄國的名畫經常是以風雪蕭颯的疏林或蒼茫荒涼的原野爲背景，裡面點綴著發配西伯利亞充軍人群的行列，充滿了憂戚鬱悶的情調和沉痛的哀鳴。

六、迷信

俄羅斯人在日常生活中有許多忌諱。他們的忌諱和迷信連在一起，認為黑貓是妖魔，當雷神電擊妖魔時，妖魔為了逃避電擊，便會附在黑貓身上。一般俄羅斯人都喜歡馬，認為馬能驅邪，會給人帶來好運。俄國農民一向喜歡在屋脊上釘一個馬頭形的木雕，意在驅除邪惡，保佑家人四季平安；他們更特別喜歡馬蹄，認為馬蹄是吉祥物，象徵「威力」，特別是降妖的威力。他們常把馬蹄形飾物釘在牆上。

在數字方面，俄國人和一般西方人一樣忌諱「十三」這個數字，認為它是兇險和死亡的象徵，卻對「七」這個數字有所偏愛，認為它意味著成功和幸福。因此，有些俄國新婚夫婦在婚禮完畢後，乘彩車離去時，要繞道經過七座橋才回到新房。

俄羅斯人特別喜歡鏡子，把鏡子視為神聖的物品，把鏡中的影像視為本人靈魂的化身。打破了鏡子是惡運的先兆。他和家人將罹患大病或災難臨頭。但若打破的是杯盤，反而象徵富貴和幸福。因此在婚宴、壽宴或其他重要筵席上，俄羅斯人還要特意摔破杯盤，以示隆重慶賀。

七、服從性強

俄國人服從性強，也團結。這一點與日本大和民族相似。俄羅斯的芭蕾舞團、民族舞蹈團等的集體行動就令人覺得，演員們一個個都很有秩序，很有紀律，很有集體意識；俄國觀眾看得興高采烈時，鼓起掌來，也很有節拍。

俄國人這種民族性的養成，其來有自。根據俄羅斯的傳統信念，整個俄羅斯的人民和財產屬於國家。國家是家庭的縮影。一個國家，猶如一個家庭，統治者就是家長，家長握有一切事務的大權。任何事家長說了就算，所有人都得服從和順從，不容違抗。家有家規，國有國法，久而久之，養成了俄羅斯人的國家觀念與愛國情操。

俄羅斯人無論在國內或外國，也不分公眾或私人場合，他們所最常提到的，是「我們的國家……」。這在其他任何國家人民，包括美國人在內，都是很難見到的現象。

八、猜疑機詐

俄羅斯在早期歷史上屢遭外國侵略，飽受奴役，很遲才統一疆土，成立自己的國家。

南俄草原無高山阻擋，因此，自一世紀俄人開始移殖以來，即不斷遭受東方游牧民族的侵凌。蒙古人入侵乃是最早的外侮，以後仍迭受外國侵凌。

俄羅斯西境，亦不斷遭受波蘭人、條頓人的入侵，法國拿破崙與德國希特勒的東征，更屬近代顯而易見的史例。

由於不斷受到外敵的侵略，因此養成了俄羅斯人對外來勢力的猜疑畏懼心理，在對外關係上，他們總是懷著恐懼不安的心理，總認爲其他國家都對俄羅斯有野心，虎視眈眈，不懷好意。將外國人看作毒蛇猛獸，不願輕予信任，任何外國的善意表態，皆被視爲含有惡意的國際陰謀。

俄羅斯帝國成立後，「恐怖伊凡」曾竭誠要與大英帝國建立商業關係，使互通有無，助長俄國繁榮。因此給予英國商人以優於其他任何國家的特權，但英國人不知圖報，反而得寸進尺，欲把俄羅斯當成英國的新殖民地。

一七〇一年，沙皇阿力克西斯爲了要與西方國家交換資訊，建立國際郵政制度，但俄羅斯商人反對，他們認爲這對俄羅斯會大爲不利，西方國家會從此中獲知俄國政治和經濟、工商運作的情形，然後迫使俄國與其簽訂可從俄國獲取暴利的商約，使俄國受到重大損害。

俄羅斯人無商業頭腦，更無傑出商人。儘管俄國人精於使用算盤計數，但當他們將貨物的重量和長度折合成西方貨幣單位時，極易因折算錯誤或受騙而蒙受重大損失。俄羅斯人在與英國人及荷蘭人商業交往時，經常發現自己受騙。這種貿易上受騙的經驗，也加深了俄羅斯人對外國人的不信任和仇視。

近代俄國的外交政策和國防設施，一方面固然是侵略性的，同時也含有防範自保的因素。俄國對東歐衛星附庸國家的監控，對西方國家的外交多方杯葛，對國際組織和國際會議在條約或協議上，如有對俄羅斯不利之處，則多方阻撓，無不與此種民族性格有關。

此外，也有許多人認爲，俄羅斯民族機詐成性，這也是因爲受了外國人的欺騙玩弄，不得不以機詐因應。

除了受外國入侵及在對外貿易上因受騙遭損以外，俄羅斯人機詐性格的養成，也與俄羅斯的地理環境有密切關連，橫亙俄國中北部的茂密森林，也是培育這種性格的溫床。俄國人入據森林之後，即與原居這一片森林裡的芬人（原住民）發生衝突，一方面要防範野獸的攻擊，一方面要顧慮芬人的陷阱。在濃蔭蔽天，視線晦暗的森林裡到處都有生命危險，爲了自衛和爭取生存的空間，於是養成了他們機詐的習性。

九、反叛性

俄羅斯帝國宮廷的長期政治壓制，不時激起反叛的火焰。而且反叛不發則已，一經發生，便如驚濤駭浪，一發不可收拾。

在俄國歷史中，有反叛的傳統，即以尼古拉一世在位的三十年（一八二五至一八五五年）而論，大小叛亂即達五百餘次之多。不過，十九世紀中葉以前的叛亂，只能稱之爲零星的騷動，既無嚴密的組織，亦無思想的引導。十九世紀後期社會主義思潮侵入俄國之後，乃由零星的騷動變成大規模的革命。我們觀察二月和十月革命期間俄國人的一切表現，就可以充分了解俄國民族的反叛性了。

十九世紀後期，俄羅斯人受了社會主義共產思潮的衝擊，激起俄國人民於一九一七年二月及十月連續兩次大規模的反抗暴政革命行動，導致沙皇帝制的瓦解，也結束了爲期近四百年的羅曼諾夫王朝的統治。

沙皇被推翻並非出於有計畫有組織的預謀，也非出於武裝政變，而是由於群眾騷動的結果，使俄羅斯民族的反叛性格充分表露無遺，令人不可忽視。

俄羅斯人一向只知崇拜法國「革命」（revolution）式的急劇變革，根本無法體會英國式的「漸進革新」（evolution），要他們了解中國儒家的「中庸」（the Goldenmean）之道，更是一種奢望。俄國大文豪高爾基（Maxim Gorki，本名Aleksei，一八六八至一九三六年）就只歌頌「勇敢的瘋狂」。

十、挺而走險

由於俄羅斯本身缺乏深厚悠久的文化傳統，所以對於外來的新思潮較易接受，而且一經接受之後，就會全心全意掬誠服膺，甚至不惜以個人寶貴的生命供作此種新思想試驗的犧牲，至死不渝。高爾基歌頌「勇敢的瘋狂」，他認爲「一個俄國的政治領袖，必須經常抱著在戰場上戰鬥的心情，和準備跳入火山口內從容就義的決心。」

俄國人和西班牙人一樣，喜歡挺而走險，專門選擇在萬仞危崖的邊緣上行走。跌落崖底粉身碎骨，在所不辭。這種性格，我們在拉斯（S. Razin）、普加契夫（E. Pugachvr）等哥薩克政治領袖的事蹟中、在十九世紀的那些無政府主義者（如巴古寧）和社會革命黨恐怖分子的事蹟當中，尤其在蘇維埃共產黨人的行徑當中，不難找到例證。

因爲俄羅斯民族有走極端的性格，昔日及近代俄羅斯領導階層的風雲人物，還看今朝，莫不是悲劇收場。

十一、自大狂與自卑感

在俄羅斯人的民族性當中，有很多自相矛盾的性格同時存在，有些學者稱此為「兩極性的民族性」，自大狂與自卑感即其一例。造成此種雙重性格的原因，地理環境與歷史背景都有關係。現在先從地理因素方面加以說明：俄國人活動的地區，是一片廣大的平原，移殖之初，地廣人稀，任由馳騁。大平原對於人類的影響，一如沙漠與海洋，在這種環境中生長的人類，很容易形成兩種性格：一方面它使人覺得海闊天高，胸襟開朗，有目空一切唯我獨尊的潛在意識滋生。在俄國人所寫的小說或曲譜中，極易發現這種自大狂性格。俄國人自稱這種性格為「磅礴的氣概」（Shirokaia nature），以此自傲傲人。在另一方面，它也容易使人產生謙卑畏懼的心情，人在大平原中活動日久，極易自感空虛渺小，自卑感亦隨之產生。

再就歷史背景來加以說明。近代俄國的興起，以莫斯科公國為核心，自伊凡三世於十五世紀末推翻蒙古統治後，直至今日爲止，前後五百餘年之中，領域不斷擴大。由方圓不過五百哩的小小公國，發展到今天的龐大疆域。其間除在空間方面的發展，可謂一帆風順。其發展過程頗似近代的美國，且較美國有過之無不及。不過一在陸地，一在海上而已。由於上述背景的影響，養成了俄國人狂妄自大不可一世的傲慢心態。在宗教方面，他們把莫斯科視作「第三個羅馬城」，認爲俄國是基督教世界的唯一中心。十九世紀的一批「親斯拉夫主義者」（Slavophils）和「大斯拉夫主義」（Panlslavism）分子，又一再強調只有斯拉夫民族才是上帝的寵兒，才有資格負起領導人類、統治世界的使命。俄國著名小說家杜斯妥也夫斯基在一八八〇年參加普希金紀念碑揭幕典禮時所發表的那篇演講詞當中，對此更加強調。近代蘇維埃及俄羅斯聯邦更一再表示，只有俄羅斯民族才是世界的主宰。凡此種種，均足以說明俄國人的自大性格。

但自另一反角度觀察，俄國人在虛幻的自大之中，另有一股自慚形穢的自卑心理存在。此種心理，多半由於文化的落後形成。在疆域擴張方面，他們是天之驕子，在精神生活方面，卻似貧乏的孤兒。因此當其與文化較高和享受較優的西方世界發生接觸時，自必產生一種羨妒交織的複雜心情，表面上強作自誇自大，實際上則心懷慚愧，覺得己不如人。二次大戰之後，俄國人在外交方面的種種表現，正是此種自大而又自卑心理的證明。

十二、本性善良

在西方國家許多著作和媒體中，俄羅斯人總是被塑造成像伊凡、彼得大帝、史達林、赫魯雪夫等那樣冷酷、深沉、凶狠、鐵石心腸、無情、缺乏慈悲心的人物。其實俄羅斯絕大多數的平民百姓稟性善良。

十八世紀末葉，英國聞名學者威廉・理查德遜（William Richardson）赴俄羅斯考察並做短期居留，發現俄羅斯人會用最熱忱的詞藻表達愛意，也會用最惡毒的字眼表示憤慨。但當這種情緒在一剎那之間歸於平靜後，又會像事情不曾發生過，若無其事，轉去關心其他完全不相干的事。因此，他形容俄羅斯是「『有鬍鬚的孩童』——他們不懂得欺騙人，也從不欺矇。抱持嚴格道德觀的西方人說他們口是心非，但這並非他們的本意。他們也不會認爲自己虛僞。」

俄羅斯人雖然生性冷酷，親屬關係卻非常密切。由於生活在專制政治下，他們對中央和地方政府的官吏和外國人、陌生人、甚至對鄰居，也有不安的情緒。

相對地，他們都認爲家族關係才是最爲可靠。這一點，俄羅斯的統治階層也都是如此。

十三、嗜酒如命

「酒」色性也

談到俄國，便會立刻使人聯想到伏特加酒和魚子醬，而其中又以伏特加在俄國人日常生活中最普遍，關係也最爲密切，而且最受重視。俄國人簡直與伏特加難分難捨。沒有伏特加，俄國人眞不知要怎麼生活。

俄羅斯人嗜酒豪飲世界聞名。有人說，翻開俄羅斯史，你會聞到一股濃烈的伏特加酒香。飲伏特加對俄國人而言，是與生俱來傳統的權利。如果說不是唯一的樂趣，也是最大的樂趣。在俄國，一談到伏特加，無分男女，一個個眉飛色舞；大夥兒一起豪飲，更是人生最大享受。

早在公元九八八年，基輔大公弗拉迪爾國王（九六五至一〇一五年）便曾吟過這樣的詩詞：「飲酒是俄國人的喜樂，無酒我們無以爲生」。這句詩詞深入俄國人的心坎，至今仍在俄羅斯民間流傳，俄國人奉爲圭臬。

一九六八年，英國聞名詩人喬治．托帕維爾訪問俄羅斯，目睹俄國人在各種場合「一口把一整壺酒喝乾」（They drank off their pot at a single quaff），豪飲伏特加的情景，意識到帝俄時代俄國人沉溺在酒精中的迷惘，觸發他的靈感，寫下這樣一首酒詩。

（俄羅斯）民族久受白凱斯陶薰，豪飲是他們的典型；
(Folk fit to be of Bachus trained, so quaffing is their kind;)
飲酒是他們全部的慾望，酒壺是他們整體的自尊；
(Drink is their whole desire, the pot is all their pride;)
指導成了每日的規範，儘管頭腦最是清醒。
(The soberest head doth once a day stand, needful of a guide……)

（註：Bachus 是羅馬酒神，即希臘的 Diongsus；在十六世紀帝俄時代，盛酒用銅壺

或陶壺，當時尚未發明玻璃，亦無玻璃酒杯，故用pot而不用glass。）

在俄國，婚喪喜慶、生日、生孩子、家人團聚、朋友相遇等大小聚會，都少不了伏特加，伏特加（而非佳餚）扮演著主要的角色。晚上在家裡待客，儘管是上等珍餚，缺少了伏特加，便會十分尷尬。在路上遇到朋友，最重要的事，是一同去喝兩杯伏特加，「不飲不聚，不醉不散」。俄國人最喜歡三三兩兩到公共澡堂泡熱水，裸著身子，躺在靠椅上飲伏特加酒聊天，增加「身」與「心」的「溫暖」。

生長在靠近北極唯有北極熊才能適應的北國，漫漫長冬，整個國度就像一個天然的大冷凍庫，地凍天寒。俄國人對強烈酒精的渴求，與其說是民族性使然，毋庸說是基於「生理」上的需要。孔老夫子當時周遊列國，可惜未曾包括俄羅斯在內。如果他去過俄羅斯，與斯拉夫民族有過接觸，必然會改口說：「『酒』色性也」。

伏特加對俄國人來說，就是他們的液體麵包，這比另外數種聞名的俄國鄉土食品——魚子醬、香腸、鹽漬魚……來得重要。

魚子醬與伏特加這兩者對俄國人而言，猶如中國人對「魚」與「熊掌」，是中國人的「最愛」。魚子醬好比中國人最愛的「魚」，伏特加好比中國人最愛的「熊掌」。在俄國，伏特加和魚子醬兩者都是俄國國內的產品，但在專以外國人爲對象只接受外幣的「友誼商店」，這兩者都被列爲「奢侈品」，一瓶黑魚子醬，售價約四十盧布，幾乎是俄國普通工人半個月的工資。因此，在俄國的家庭，只有富裕的商人或中、高級的政府官員才能一邊吃魚子醬，一邊飲伏特加。

俄國人因爲窮困，在「兩者不可得兼」的情況下，寧「捨魚子醬而就伏特加」。

家庭宴客少不了「伏特加」

一般俄國家庭比較體面的待客方式是：先倒一杯伏特加酒，再端上一小盤魚子醬、黃瓜與番茄，然後是一道燻魚與罐裝碗豆，再端上一個自烤的蛋糕，自始至終以伏特加佐餐；也有些家庭在餐後供上一小杯俄國出產的香檳酒。

俄國人接待有頭有臉的客人都要有魚；沒有魚，客人便會非常在意。自然更少不了伏特加。飯後如供點香檳酒，便更加體面。

中國官場遇有應酬，都想避免與上司同席，以便於縱情飲酒談笑，而無所拘束。俄國人是一個講求紀律的民族，職員們如應邀到有業務關連的人家作客，尤其邀請的主人是外國人，這些受邀的職員會比較拘謹，甚至不敢赴宴。在這種情況下，他們大都私下建議主人也邀他們的直屬上司參加，而且以他為「主客」。

外國人宴客供酒，自然不限於伏特加，而可有進口酒——法國白蘭地、蘇格蘭威士忌、德國啤酒、西班牙雪莉酒等等，種類繁多，琳瑯滿目，任君精挑細選。當主人問安，這些職員們必定眾目睽睽，盯著他們的上司，有些職員也許非伏特加不夠過癮（因伏特加酒精含量較高），但一旦上司選了某種外國酒，這些部屬也就全部「尊重」上司的選擇，一個個挑選同樣的酒。

酒斟滿後，餐會開始。此時，大家望著上司，等待他致「祝（酒）詞」（其實，對俄國人來說，等於是下「酒令」）。酒詞往往不一而足，諸如：「祝男主人事業成功」、「祝女主人青春永駐」、「祝壽比阿爾卑斯山」、「祝年輕情侶愛河永浴」、「祝國家元首政躬康泰，國運昌隆」、「祝兩國友誼永固」……，只要有意乾杯，詞句多著。

俄國人生性喜歡祝酒後舉杯豪飲。「祝（酒）詞」一唱完，便一個個高舉酒杯，頭一仰，滿杯烈酒傾注入口，順著喉管滑落下肚後，把酒杯倒懸高空，情不自禁地叫聲「哇」，喜形於色。俄國人這種大夥兒隨節拍豪飲的方式和情景，即使「袖手旁觀」的人，也會感受上沾到無比的歡愉和喜稅。這便是俄國社會和官場「宴飲圖」的縮影，也是俄國民族性的縮影。

倘若有其他外國人參加這類「共飲」場合，同飲的俄國賓客會有意無意地去檢查那些外國貴客的酒，看是否「水當酒」。俄國人稟性多疑，他們通常不相信一般外國人有俄國人那樣好的酒量，而且那樣豪放。

「伏特加」——俄國社會的潤滑劑

由於俄國人自幼習慣於飲伏特加，而偏又在俄國境內，無論販賣與購買，都受到限制，價格高昂。因此，伏特加成了搶手貨，也成了蘇俄社會的潤滑劑：請泥水匠或木工修房子，請水電工修水管，他們都指望雇主在他一上門就先來一杯伏特加，或乾脆以伏特加代替工資。持糧票購買食品，由於經常缺貨，前門大排長龍，有了伏特加，就可打通關節，走後門。重病住院，病床客滿，有了伏特加，酒到床來。

俄國一本以諷刺獲暢銷名叫《鱷魚》（Crocodile）的雜誌便有過這麼一幅漫畫，一名俄國水電工望著自己家裡浴室塞滿汙穢雜物水洩不通的排水管發呆，一支接一支猛吸菸，自艾自嘆：「好沒勁，我家那口子，怎麼不開伏特加給我喝！」原來俄國工人到別家幹活，主人必定先遞上一杯伏特加，這是俄國行之已久的「不成文法」，而在自己家幹活，他也這樣指望。

俄國人飲「伏特加」的高招

俄國人飲伏特加這樣如火焰般強烈的酒，毫不猶疑，自有他們自己的一套「飲法」。

一般伏特加高手，在飲伏特加之前，先拿一塊或數塊黑麵包，塗上厚厚的牛油，再添加三至四茶匙魚子醬，吃下去「打底」，使胃壁覆上一層一層厚厚的脂肪。這樣，酒精下肚後，便可延緩酒精滲入血管的時間，而不致迅速醉倒。因此，他們即使連連乾杯，也毫不在意，有些俄國婦女在「如法炮製」後，也能「大顯身手」。

俄國人的酒量驚人，不慣於飲用酒精濃度低於四十度的「淡酒」。如果是三十至四十度的烈酒，在他們喝起來，也覺得少了些什麼似的。對酒精含量在二十度以下的酒，他們會以譏嘲的口吻說：「可以拿去養金魚。」

由於終年有三分之一的日子困鎖「寒城」，不能生產天然食品，糧食不足，再加上苛政，他們極需高段數的伏特加純酒精，去溶解在生活高壓下所凝結於內心的冰塊，和抵禦屋外天然宇宙大冰塊所帶來的酷寒。因此，他們不像西方人飲威士忌等烈酒加冰塊。

不過，最懂得飲伏特加的俄國人，是先將伏特加放在窗口，將它冰到結冰點，使瓶內的伏特加變成了「液態」的冰酒，然後拿進室內，開瓶享受冰涼烈酒「兩極化」的美味。這也就像吃「火燒冰淇淋」一樣，會帶給他們舌尖、喉管和胃以暢快的感受。伏特加最大的特性是：即使將它埋在北極的室外冷凍，也不會結冰。

俄國出產的伏特加，傳統上都是一律瓶裝，用金屬箔作瓶蓋，瓶蓋一旦打開，便再也無法封緊，甚至不可能再蓋上。因此，一瓶開了瓶的伏特加，便不能久放，非一次喝完不可。

在俄國，一般住宅很小，居室空間更小，即使中上等家庭，也幾乎很少具備酒櫃之類的陳設。就算家中有隔日的伏特加，存放的日子也不可能長久，家庭成員個個酒鬼，見到酒就會垂涎欲滴，手到「擒」來，喝個精光，休想存放任何酒。

俄國人飲酒的場所通常在公寓的樓梯口，或在飲食店，都是「速飲速決」，沒有所謂「啜飲」。

一般與外國人接觸較多的俄國知識分子，最感驕傲的事，莫過於在他們的寓所裝設一個吧臺和兩把高腳吧椅，或者求其次，安裝一個連在壁上的酒櫃。在他們認爲，那是西方式的高級享受。但一般中等收入階層專業人員的公寓面積，最多不超過二十五坪，而且俄國公寓通常客廳很小，臥室稍較寬敞。故即使要裝設吧臺或酒櫃，也只能裝在臥室內。

肆、俄國女性的獨特性格

俄國一般婦女都很健美，面貌姣好，但由於她們大都服飾不愛講究，因此顯現不出胸部凸出，都看起來有肥胖之態。她們天生一頭棕髮，但由於不善修剪，也看不出有任何美感。她們不習慣用化妝品，更不喜歡佩帶珠寶等貴重手飾，也不喜歡穿長襪或戴帽子，樂於穿平底膠鞋，所以遠不及西方國家女性的嬌美俏麗，婀娜多姿。至於長年在集體農場工作的俄國女性，大都只穿一件黏滿塵埃的黑色女服，或一件外套，雙足著長靴，頭部以圍巾包紮，因此更無法和西方社會時髦女性相提並論。一般家庭婦女，大都慣於在出門時帶一個「恰好」袋，這是一種可折疊的串狀布袋，可提可背，便於在購物時使用。

部分年輕的都市婦女比較愛漂亮，但是因爲時裝價格高昂，而且無法買得，因此很多少女都自己學會縫紉，千方百計去探求外界流行的式樣、款式，自己仿製，使自己愛美的虛榮心得到滿足。

外國的時裝雜誌在俄羅斯大受歡迎，每本黑市賣到十美元。一些力求「現代化」的俄國都市年輕女性，也燙著蓬鬆的頭髮，穿有線條的衣裳，塗鮮豔的口紅，穿透明的玻璃絲襪，高跟鞋，名牌皮包……與西方世界婦女的打扮不分軒輊。

一九一八年，俄國就已經有了男女平權的法律，但俄國是個父權社會的國家，女性仍然是弱勢團體的分子。儘管俄國婦女腰肥體壯，也還是家庭暴力的受害者，經常挨打，遭歹徒強暴，甚至被殺害。據官方統計，俄國婦女每年遭殺害者上萬。而在蘇聯解體之後，由於失業率高，一切工作得以男性優先的原則下，許多婦女不得不重返家庭，這也正符合了俄國政府和東正教教會的一貫希望，那就是「女人應待在家裡」。

以俄國女性對國家的貢獻和在社會的重要性而論，世界上恐怕很少有國家能和俄羅斯相比擬。俄國婦女在勞動力中的比重大於男性，到達工作年齡的女性，差不多百分之九十八都可以找得到工作，但這並非女權的高漲，而是勞動力缺乏所致。因爲在第二次世界大戰中，數百萬男子戰死疆場，所以戰後長期女多男少，許多工作都需要女性去承擔，而且她們所做的工作和男人沒有多大區別，如在工廠操作粗重的機械，駕駛大型載重車和兩截式的大公車，荷鋤下田，修剪街道兩旁的大樹，有些地區婦女甚至和男人一起深入礦井挖煤。

據統計，俄羅斯國內百分之九十八的導遊人員、百分之八十二的醫務人員，百分之七十五的中、小學教師和百分之四十七的律師，都是由女性擔任。此外，商店店員、清道夫、地下鐵的剪票員、醫院的護士、衛生單位的工人等，清一色都是女性。在集體農場中，男人全是管理員，女人才是眞正下田工作者。如果男女擔任同樣的工作，女性的工資卻只有男人的四分之三。

俄國婦女就業率雖高，但在政府機關任職的女性卻是少之又少。醫院的院長、大專院校的校長、商店經理，都是由男人擔任。

俄國一般職業婦女薪資很低，一週的薪資只夠買一雙玻璃絲襪，一雙高跟鞋得花掉她們半個月的薪資，她們都捨得。她們也吸菸、喝酒，喜歡聽音樂、跳舞和看電影。從事觀光業的俄羅斯女性，都擅長用英語招攬外來遊客。她們十分嬌美，打扮入時，熱情奔放，誘惑不少外國男人。

俄羅斯人口，陰盛陽衰，單身女性和單身男性是一百七十與一百之比，造成俄國女性在性的方面很難得到滿足。因此，俄國一般女性，對性的態度也比較開放，保守的女性很難找到結婚的對象，芳心寂寞，不惜降格以求。

俄羅斯離婚率比任何西方國家都高，平均每一百對夫婦中，有五十對以上會走上分居或離婚的道路，主要原因有三：

（一）女性強悍，俄羅斯女子獨立性很強，大多數女人不願留在家中服侍丈夫和照顧兒女、做家事，更不願受丈夫指使。

（二）不喜歡生育子女，一旦有了孩子，她們的工作便會受到重大影響，因此大都避孕。沒有孩子，夫妻間缺乏互愛、互信，家庭缺乏溫暖，直接導致夫妻失和，以分居和離婚收場。

（三）酗酒導致夫妻失和，終致分手。在俄國的離婚案件中，有百分之三十是因飲酒過量而造成悲劇。

俄國青年大都早婚，他們結合的基礎比較脆弱，有百分之二十八的新郎是二十歲以下，大多數新娘是二十一歲以下。一般俄國青年離婚後居所難覓，多數要回到父母家裡去住，造成了許多問題。俄國每年約有五十萬宗離婚案件，因而產生無數沒有身分的兒童，墮胎率也大爲增加，性病和愛滋病也因此蔓延。

由於離婚率不斷增高，導致一般婦女，尤其是知識婦女及職業婦女的生育率降低，使人口出生率也大幅度降低，現在每三個家庭中，只有一家有子女。因此，國內白種人的人口逐漸減少，但是在中亞地區信奉伊斯蘭教的家庭及教育程度較低的家庭，反而人丁旺盛，這種情形和美國白人漸少、黑人漸多的趨勢相同，已引起了俄國當局嚴重的關切和不安。因此近年政府已制定獎勵生育辦法，但實施以來，俄國白人反應冷淡，效果不彰。現在俄國國內老人越來越多，五十五歲以上的女人和六十歲以上的男人占全國總人口的百分之二十一。

如此，我們似乎比較容易理解，俄國婦女的獨特性格。她們是如此健壯堅強，她們大言不慚地自稱是「大地的母親、經濟的脊梁和家庭的核心」。

她們心裡明白，光是矯糅作態，不足以讓她們維繫這個半邊疆土在凍原裡的世界第一大國。俄羅斯政府和社會各界更明白這一點。因此，每到三八國際婦女節，許多人就開始忙著爲她們選購各式各樣的禮物，鮮花便是不可缺少的禮品，中亞地區出產的鬱金香和康乃馨，大量運往冰天雪地的北方，有些外資公司甚至耗費巨資，遠道從荷蘭訂購鮮花空運到俄國，分送給公司的女職員和客戶的妻子。

伍、俄羅斯民族依色彩區分

「白俄」、「白俄羅斯」，中國大都耳熟能詳。白俄或「羅宋」是蘇聯十月革命後流亡來到中國的哈爾濱，就曾成了一個純白俄的城市，被稱作「遠東的莫斯科」。那時候，上海更擠滿了白俄沒落貴族和妓女，「羅宋大菜」、「羅宋湯」（Borscht）在中國成了名菜。還有白俄曾替中國軍閥打過內戰。

然而，「白俄」與「白俄羅斯」毫不相干。「白俄」在沙皇口中，是共黨「赤俄」的對稱。而白俄羅斯卻是蘇聯的一個民族，也是蘇聯的一個加盟共和國。

那時候，蘇聯爲了壯大在聯合國的聲勢，在蘇聯之外，白俄羅斯和烏克蘭僞裝成獨立國家，各自加入聯合國，使蘇聯在聯合國比其他會員多了兩票。其實，白俄羅斯語文與俄羅斯語文差異不大，字母也只有一兩個不一樣，兩種語言之間的區別，比北京話和廣東話兩者之間還要小得很多。

民族學上眞正的「俄羅斯人」定義是「大俄羅斯人」，這個定義其實也是出於政治考量，這是大國沙文主義和霸權主義的產物。

在民族學上，有時也把烏克蘭人稱為「小俄羅斯人」，這聽起來好像在搞種族歧視。大俄羅斯早已鯨吞了烏克蘭這個「小俄羅斯」，兩者之間，語文差別也不大，像是福州話和福清話一樣。烏克蘭文字母與俄文字母也僅有一兩個不同。

可是俄羅斯硬把烏克蘭人稱為小俄羅斯人，這充分表現出俄羅斯的霸權主義。

白俄羅斯位於俄羅斯與波蘭中間，南接烏克蘭，北鄰立陶宛和拉脫維亞，是個歷史動盪不安的國家。大約在兩千多年前，東斯拉夫民族定居於此。基輔大公國於九世紀將它征服，繼而又受到立陶宛、波蘭的統治。十八世紀後半，被俄羅斯帝國吞併。第二次世界大戰後，俄國大亂，烏克蘭和白俄羅斯都曾宣布脫離俄國獨立，分別建立「烏克蘭人民共和國」與「白俄羅斯人民共和國」。這二個國家是全球最早以「人民共和國」為國號者。可是這兩個最早的人民共和國是踏踏實實的「資產階級共和國」——白色的烏克蘭和白色的白俄羅斯。

後來蘇維埃共產黨「紅軍」強占這兩國，赤化成「紅色的烏克蘭」、「紅色的白俄羅斯」，做爲紅色的大俄羅斯的一部分。

俄羅斯帝國的祖先是基輔王國，俄羅斯的語言和文化都源自基輔，而基輔是烏克蘭的首都。所以，「大俄羅斯人」眞沒有什麼了不起。「你剝開一個俄國人的皮，就能看見一個韃靼人」，這個說法很恰當。蒙古人統治了俄羅斯五百多年，列寧的長相就像一個道道地地的蒙古人。

從前，法國人說普魯士人有黃種人血統，因普魯士接近俄國和芬蘭；普魯士人和德國人又說法國人有黑人血統，因法國有許多黑色非洲殖民地人，現在也有人說希臘人是半土耳其人。第二次世界大戰時，盟國開納粹德國的玩笑倒很中肯——號稱眞正純種的日耳曼人是什麼樣子？希特勒是黑髮棕眼的，據說還是四分之一的猶太人血統；戈林像一條豬，戈培爾是個癆病鬼，又矮又瘦，第一次世界大戰中，連當兵的資格都沒有。

白俄羅斯這個民族之所以稱爲白俄羅斯，有兩個說法：白俄羅斯人的頭髮都是金中帶白；其次是白俄羅斯人，特別是婦女，喜歡穿著白色的衣服；而且，白俄羅斯人民共和國國旗就曾是一面純白色的旗幟，直至一九九一年蘇聯崩潰後，與俄羅斯、烏克蘭構成獨立國家共同體，才在純白色的國旗中間，加上一個橫的紅條。

「紅俄羅斯」，位於洛多美利亞（Lodomeria），也叫東加利西亞，以前屬於波蘭。二次世界大戰後蘇聯把它搶過去，併入赤色的烏克蘭。更早以前，波蘭南部的整個加利西亞（Galicia）屬於奧匈帝國，奧地利皇帝即兼任洛多美利亞國王。信不信由你，顧名思義，紅俄羅斯民族就是喜歡穿紅色衣服。這就好像中國的黑苗喜歡穿黑色衣服，白苗喜歡穿白色衣服，花苗喜歡穿花式衣服，如出一轍。

「黑俄羅斯」位於白俄羅斯以南，烏克蘭西北部，即波列希亞（Polesia）地區，那裡的人喜歡穿黑色衣服，所以得了這個名稱。

「綠俄羅斯」，是位於西伯利亞茂密的森林。這個遠東烏克蘭國地區包括西伯利亞東部的海濱省（烏蘇里）、阿穆爾省和庫頁島。

如同歷史學家所說的「俄羅斯的歷史是從烏克蘭開始」的一樣，在九世紀以烏克蘭首都基輔為中心所建的「基輔公國」，是俄羅斯的發源地。

擁有古老歷史及固有語言、宗教等獨立文化的烏克蘭民族，有著很強韌的民族意識，自古以來就想脫離俄羅斯獨立。

在歐洲的烏克蘭人民共和國國旗是上藍下黃，象徵烏克蘭的天空和麥浪。綠烏克蘭就在這旗左邊加上一個綠三角。

「黃俄羅斯」是帝俄時代東進太平洋，占領了所謂「滿洲」的中國東北，從這進出黃海，北極熊想尋找溫暖的太平洋海港。帝俄即企圖把「滿洲」逐漸變成俄國的領土，在那裡建立一個「黃俄羅斯」。從帝俄到蘇聯，再到現在的俄羅斯聯邦，並沒有完全放棄這個「黃俄」計畫。

陸、從蘇聯解體看俄國人的民族性

一九九一年是二十世紀中除兩次世界大戰之外國際局勢變化最劇烈的一年：一個擁有二千二百四十萬平方公里的領土和二億九千萬人口的俄羅斯蘇維埃社會主義共和國在十二月二十一日宣布解體，更是人類歷史上一次最大的震撼。自此以後，全世界新聞媒體的報導，彷彿是一齣連續劇，情節緊張，高潮迭起，令人目不暇接。無疑的，共產主義已面臨沒落，北半球這一大片土地上現正出現一個新紀元，應是當代歷史上的頭等大事。

新創立的俄羅斯聯邦未來的走向如何？命運如何？自是全世界所注目的焦點。但做為一個毗鄰的亞洲國家，我們所應強調和重視的是這個新聯邦，一如它的前身蘇聯，其「亞洲屬性」仍大於它的「歐洲屬性」。

再就現今的俄羅斯聯邦而言，面積幾達前蘇聯全部領土的五分之四，人口也占前蘇聯人口的半數以上，多達一億五千萬，它取代前蘇聯在聯合國安全理事會的席位，而理所當然地是龍頭老大。

前蘇聯實施共產主義，歷經列寧、史達林、赫魯雪夫及布里茲涅夫等人的專制統治後，雖可在軍事上與美國分庭抗禮，成一方之霸，唯經濟上的困窘，民生凋蔽，迫使戈巴契夫於一九八五年主政後，不得不改採自由開放政策，然已積重難返。一九九〇年六月十二日，俄羅斯國會最高蘇維埃發表「國家主權宣言」，宣布俄羅斯在其境內擁有絕對主權。

一九九一年八月十九日，蘇聯共產黨的保守派勢力聯合軍中的反改革將領發動政變，葉爾欽乘勢率領首都莫斯科軍民抵抗，政變因而失敗。葉爾欽率先宣布蘇聯共產黨爲非法組織，進而促成各加盟共和國各自宣布獨立。

一九九一年十二月二十五日，俄羅斯聯邦國旗在克里姆林宮正式升起。同日，戈巴契夫宣布辭去蘇聯總統職務。十二月二十六日，蘇聯最高蘇維埃舉行最後一次會議，宣布蘇聯停止存在，蘇聯乃正式瓦解。俄羅斯聯邦雖於一九九一年十二月二十一日倡議成立架構鬆散的「獨立國家國協」（Commonwealth of Independent States-CIS），然愛沙尼亞、拉脫維亞、立陶宛等波羅的海三國拒絕加入，因此僅有蘇聯十二個獨立的加盟共和國加入該組織。一九九一年蘇聯解體時，由其中最大的加盟共和國——俄羅斯繼承前蘇聯的國際法人地位，成立俄羅斯聯邦，葉爾欽在一九九一年六月十二日即當選俄羅斯第一任總統。

一九九一年十二月十二日，公民投票，通過俄羅斯獨立後的第一部憲法。

檢討蘇聯解體這一事件的起因，固然可以上溯到一九八六年戈巴契夫提出的「新思維」。但揆諸「新思維」內容的原意，是因一九八○年代工、農業停滯不前，在與西方軍備競賽的重壓之下，希望做釜底抽薪之計，把可做攻擊型的軍備縮小爲純粹防禦型的軍備，從而把資源用在人民福利上，在國內外開創一種寬鬆氣氛，逐漸從軍備競賽的無底洞中求得解脫。但國內政治寬鬆的結果，首先刺激了少數民族的民族認同。俄羅斯以斯拉夫民族在前蘇聯總人口中占百分之八十。帝俄時代留下的，列寧所謂的「俄羅斯的民族監牢」開始騷動。起初只是波羅的海三小國堅決求去，但其他邊遠的加盟共和國也跟著鬧民族問題，蘇聯開始動搖了。葉爾欽見形勢不對，重拳出擊，祭出民族主義大旗，首先聯絡白俄羅斯和烏克蘭，就是因爲它們都同屬於斯拉夫民族，儘管有言語上的差異，但畢竟還是分享著共同的民族文化傳統，這種共同民族文化傳統，形成之後，便很難揚棄。

從歷史上看，帝俄的向東發展主要是在十七世紀之後，中亞及北亞各民族被征服，至多不過兩三百年。時間極短，彼此亦缺乏共同的民族文化傳統，而一九一七年十月革命之後的蘇聯，其所標榜的是馬列主義這套政治把戲，實際依靠的卻是軍事實力，並非長期累積的民族文化傳統，包括宗教信仰。

因此在葉爾欽祭出民族大旗，聯絡同是斯拉夫民族的烏克蘭和白俄羅斯，並獲得其他幾個原有加盟國的依附，組成所謂「獨立國家聯合體」之後，石破天驚，蘇聯即告壽終正寢。它的瓦解，原因固多，但其爆發點卻是民族問題，也以民族問題獲致了結。

柒、俄羅斯人爭奪北極主權勢在必得

覆蓋在北極的冰帽現正以驚人的速度融解，這種生態結構的劇變不僅危及北極熊、海象和其他冰原生物的生存，並且在國際間掀起北極領土和資源的爭奪戰。

自一九七九年以來，北極冰帽在夏季的面積縮小了五分之一。科學家說，由於北極平均氣溫增加的速度比世界其他地區快兩倍，北極海到二〇五〇年，可能不再會看到冰川。屆時，北極的銀色世界將變成湛藍天地，不再會使無數探險者喪生，也不再會使航海者難越雷池，望冰興嘆。

北極冰帽融解之後，每到夏季，北極海一片汪洋，開闊的海域比地中海大五倍。二〇〇五年八月，俄羅斯的科學探險艦 Akademik Fyodorov 號成爲有史以來第一艘沒有啓動破冰設備而能駛抵北極的探險艦，吹響了人類直探北極的號角。

對環境保護陣營而言，北極暖化將是災難性的生態夢魘。但在許多人眼中，卻代表著千載難逢的商機。俄羅斯的北極遊輪業已在全力布椿，二〇〇六年夏季，展開了北極之旅，每名旅客收費高達三萬美元。北極冰帽的融解將不斷開發出新的遊輪航線。

在西伯利亞北側將出現一條新的航線，使歐洲到東北亞的海運縮短三分之一。穿越加拿大北極愛琴海的「西北水道」（Northwest Passage），原本被認爲是永遠難以實現的夢想，卻可以隨北極冰帽融解而出現，使歐洲到東亞的航程縮短四千浬，不必再借道巴拿馬運河。

這些新商機，如果比起石油和天然氣的財源，就顯得微不足道了。全球未開發的石油，有四分之一可能貯藏在北極的冰雪之下，蘊藏量達到三千七百五十億桶之多。這項人類急需的能源，也將隨冰帽融解而供開採。

北極雖然已成爲能源逐鹿之地，但直到現在，還沒有任何國際條約可以決定北極領土主權的歸屬。早在一九三二年，蘇聯統治者史達林沿著北極畫了一條疆界線，以蘇聯北部海岸線的兩端爲界，將其列爲「蘇聯北極區」。

這項行動當時並沒有受到國際重視，因爲那時候這一片極地，充其量只是個不見人跡的異域，寒風怒號，冰封大地，一年還有幾個月不見天日，昏天暗地。

但是現在，它卻成了八個國家激烈爭奪的土地。這八個國家是：俄羅斯、美國、加拿大、挪威、丹麥、瑞典、冰島和芬蘭。

俄羅斯 Akademik Fyodorov 號二〇〇五年的北極之行，不只是單純地證實可以不必啓動破冰設備，更重要的是加強了俄羅斯在二〇〇一年提出的北極主權訴求。這項訴求幾乎囊括了北極海的半壁江山。

根據現有國際法，北極不屬於任何國家，包括俄羅斯、美國、加拿大、挪威及丹麥等國，在北極地區都只擁有各自沿海二百浬的專屬經濟區。俄羅斯卻打算改變這一現狀。一批俄羅斯地質學家於二〇〇七年五至六月對北極地區考察六週，曾到達北冰洋羅莫諾夫海底山脈地區，發現該地區與俄羅斯北冰洋大陸架直接相連。六月二十七日，俄羅斯地質學家表示，俄羅斯可以此爲根據，對這片面積一百二十萬平方公里的大陸架提出領土要求。

據俄羅斯媒體報導，這塊水下世界面積相當於法國、德國和義大利國土面積的總和，擁有十億噸的石油和天然氣儲量。有俄國媒體甚至登出一幅北極地圖說，這片「新國土」將被插上俄羅斯國旗。

二〇〇七年七月二十七日，俄羅斯科學家搭乘一艘研究船與一艘核子破冰船，在俄國著名北極探險家契林賈諾夫率領下，自莫曼斯克前往北極。七月二十九日，研究人員在北極海的俄國法蘭茲約瑟夫地群島以北約九十公里處，將兩艘迷你潛艇——「和平一號」及「和平二號」放入水中，下潛到一千四百米深的海底。研究人員採集了海底生物樣本，並在海床上安置一個裝有俄羅斯白藍紅三色國旗的鈦金屬箱，象徵性宣示俄國對北極海的主權。

二〇〇八年八月三日英國星期泰晤士報報導，俄羅斯的一支官方探勘隊已經抵達北極蒐集科研資料，試圖證明面積遼闊的北極海下洛莫索夫（Lomonosov）山脊是西伯利亞大陸棚的延伸，因此屬於俄國，以控制北極區的石油與天然氣資源。

俄羅斯說洛莫索夫山脊是西伯利亞大陸棚的延伸，加拿大和丹麥則各自認爲是該國領土。二〇〇八年七月俄羅斯調遣數艘隸屬北方艦隊的戰艦進入北極海，是一九九一年以來首見，具有高度象徵意義。俄國海軍的一艘反潛驅逐艦及另一艘巡防艦已在北極海巡弋。俄國聲稱，戰艦負有保護俄國漁船的任務。分析家則認爲，這是俄羅斯染指北極海的先期措施。

俄國海軍戰艦隨行的科學家此行研究全球暖化對北極海的影響，同時也研究北極海的地質構造，據以評估鑽探石油的可行性。他們在北極區停留好幾個月，另一支官方贊助的探勘隊亦於二〇〇八年八月啓程前往探勘。

二〇〇八年九月十七日，俄羅斯總統麥維德夫說：「我們必須完成一切正式手續，將對外邊界劃定在大陸礁棚，這是我們對後代子孫的直接責任。」他說：「北極具有戰略重要性。」俄羅斯國家安全會議祕書長派楚希夫則說：「俄國並非是對北極區宣告主權的唯一國家，我們必須捍衛我們在北極區的利益，但我們也了解，加拿大、挪威、丹麥和美國等毗鄰北極的國家也都將捍衛他們的利益。」

在多國極力爭取石油蘊藏量豐富的北極圈主權之際，俄羅斯計畫於二〇二〇年前，把北極圈列作「重要戰略性資源基地」。俄羅斯國家安全局網頁上指出，其中一個目標是派軍隊於北極圈駐紮，有能力確保當地的軍事安全。根據戰略安排，北極圈將於二〇一六年至二〇二〇年成爲戰略性資源基地。

BBC（英國廣播公司）報導，俄羅斯宣布，準備建立一支專門部隊，保護俄羅斯在北極的利益。莫斯科這項雄心勃勃的計畫，已引起其他聲稱對北極擁有主權國家的關注。

這項文件預測，北極在今後十年，將成爲俄羅斯石油和天然氣主要來源。爲了保護這些資源，莫斯科表示其主要目標之一是建立一支能夠確保北極地區安全的部隊，顯示俄羅斯人爭奪北極主權勢在必得。

捌、在中美俄三角關係上我們應有的認識

俄羅斯政治強人普京在二〇一二年大選中實現「王者」歸來，以絕對優勢擊敗對手，重登總統大位，極可能再連續執政十二年，延續他在十多年前開始的強國之路。

選舉結果揭曉後，中國領導人胡錦濤立刻馳電致賀，而美國以「俄羅斯反對黨指控選舉不公」，歐巴馬總統在五天後才致電普京，不是致賀，而只是進行「合作」之意。

普京剛回到克宮，就一反常態以行程太緊爲由，拒絕到美國出席八國集團峰會。屏棄與歐巴馬總統會晤的機會，反而在訪問伊朗之後就到中國訪問，表明俄國面向東方、擁抱中國的新政策。由此引發全球再度議論「中、美、俄三方關係」。

值得注意的是，中國學術界和軍界都提出「以俄制美」的策略，認爲在美國戰略重心東移的大背景下，中國難以單獨對抗，應該與俄聯手，建成所謂「非盟之盟」，以俄制美。中國戰略理念與俄「廣泛接近」，可以建立實質的「全面戰略合作夥伴關係」。

不僅如此，他們認爲美國從不諱言要制約中國，但普京高度讚揚中國發展，並把中國崛起比喻成「風」，可以吹動俄羅斯發展的「帆」，因此認爲俄比美安全。

智庫卡內基莫斯科中心的特雷寧（Donitry Trenin）說：「如果彼得大帝在世，他會把首都遷到海參崴而不是聖彼得堡。對俄羅斯來說，現在的太平洋相當於十八世紀的波羅的海，它是採取行動之地。」

普京指出，俄中兩國有廣泛共同利益和高度戰略互信。俄方希望與中方推進有關重點合作項目，諸如深化油氣、能源、核能、電力、新能源等領域合作。

不容置疑，普京在短時間內，將把中俄關係置於俄美關係，甚至是俄歐關係之上。莫斯科打中國牌來制衡美國和歐洲，一如四十多年前美國打中國牌來制約蘇聯一樣，歷史可謂三十年河東，三十年河西。

中美俄三大國戰略合縱連橫的新時代已經來臨，中國可以熱情回應普京向中國遞來的橄欖枝，但也必須在此三角關係所帶來的衝突風險之間保持平衡。

博雅文庫 008

俄國人入門

作者　蕭曦清（390.5）
發行人　楊榮川
總經理　楊士清
主編　陳姿穎
編輯　許馨尹
封面設計　許心華
出版　五南圖書出版股份有限公司
地址　106台北市和平東路二段339號4F
電話　（02）2705-5066
傳眞　（02）2709-4875
劃撥帳號　01068953
戶名　五南圖書出版股份有限公司
網址　http://www.wunan.com.tw/
電子郵件　wunan@wunan.com.tw
法律顧問　林勝安律師事務所　林勝安律師
出版日期　2012年 8 月初版一刷
2018年 7 月二版一刷
定價　新台幣250元

國家圖書館出版品預行編目資料

俄國人入門 / 蕭曦清著. -- 二版. -- 臺北市. 五南，2018.07
面；　公分. --（博雅文庫；8）

ISBN 978-957-11-9740-1（平裝）

1. 文化　2. 社會生活　3.俄國

748.3　107007614